Sven Blumenrath

Hochsensibilität im Alltag

Tipps für ein glückliches und gelassenes Leben

1. Auflage März 2024

Veröffentlicht im Trabanten Verlag
Berlin, März 2024

ISBN: 978-3-98697-071-0

www.trabantenverlag.de

Sven Blumenrath

Hochsensibilität im Alltag

Tipps für ein glückliches und gelassenes Leben

01 Warum ich gerne falsche Entscheidungen treffe

Schon zum dritten Mal blätterte ich durch die Speisekarte, konnte mich jedoch nicht entscheiden. „Was tut mir heute gut? Wie werden die Zutaten geschmacklich zusammenspielen? Nehme ich etwas mit Tofu oder eher ein Curry, in dem nur Gemüse ist? Was für Gemüse? Hülsenfrüchte? Linsen? Linsen sind sehr proteinhaltig – Proteine sind für mich als Veganer wichtig. Aber habe ich Lust auf Linsen? Eigentlich ist mir nicht danach. Also doch etwas mit viel Gemüse? Aber wo bekomme ich dann die Proteine her?" Was da so an Gedanken zusammenkommen kann. Ich bat die Bedienung um noch etwas Bedenkzeit. Zeit für noch mehr Gedanken.

Ein paar Freunde und ich wollten uns einen schönen Abend in einem indischen Restaurant machen. Auf der Speisekarte erwartete uns ein reichhaltiges Angebot an verlockenden Gerichten. Auch für mich, als sich vegan ernährender Mensch, gab es eine große Auswahl. Leider führte gerade diese Auswahl dazu, dass der Abend alles andere als entspannend begann. Das sorgfältige Abwägen strengte mich geistig an. Je länger ich in die Karte schaute, desto angespannter wurde ich.

Ich kannte diese Schwierigkeit, Alltagsentscheidungen zu treffen, von mir nur zu gut. Die scheinbar einfachsten Situationen wurden zu regelrechten Herausforderungen. Einen Film zu finden, um mich abends auf der Couch zu entspannen, war gar nicht so einfach. Im Supermarkt stand ich schon öfter wie gelähmt vor den Regalen: „Welcher Tee würde mir abends eher guttun? ‚Innere Harmonie' ‚Süße Träume' oder ‚Seelenbalsam'?" In den Buchladen wollte ich kurz reinspringen, um ein schönes Buch mitzunehmen: „Warum gibt es nur so viele Bücher?" Das alles kostete mich viel Zeit und machte mich müde.

Drei Monate später:

Wieder sitze ich mit meinen Freunden im selben Restaurant und blättere durch die Speisekarte. Ich hatte kürzlich eine interessante Aussage gelesen: „Mit jeder Entscheidung, die wir treffen, steigt unsere Energie." Ich gehe in mich: „Was ist mehr wert? Das perfekte Essen und vor lauter hin und her überlegen, wieder müde zu werden? Oder mich schnell zu entscheiden und mit mehr Energie aus dem Abend zu gehen?"

Entschlossen gebe ich mir einen Ruck und bestelle spontan den Glow-Drink. Der Limettensaft erfrischt meine Sinne. Auch bei der Auswahl des Essens treffe ich diesmal schnell eine Entscheidung: „Vielleicht ist das Gericht ja nicht perfekt – aber ist das nicht eigentlich egal?" Meine Energie steigt. Das Curry ist zwar kein kulinarisches Highlight, aber durchaus lecker. Auch das Dessert wähle ich ohne viel Zögern aus. Na ja. Ist nicht meins. Was soll's – beim nächsten Mal bestelle ich eben etwas anderes. Das Wichtigste ist, es geht mir gut – meine Energie ist im Fluss und es fühlt sich leicht an.

Aus dieser positiven Erfahrung heraus treffe ich eine weitere Entscheidung: „Fahre ich zurück mit der Bahn oder gehe ich zu Fuß?" Entschlossen wähle ich, eine Haltestelle zu laufen. Auch dieser spontane Entschluss fühlt sich richtig an. Es scheint, als bestätige sich die Weisheit, dass mit jeder getroffenen Entscheidung unsere Energie steigt. Die Dinge sind vielleicht einfacher, als sie scheinen.

Während ich in der Bahn sitze, erinnere ich mich an einen weiteren Satz, den ich gelesen hatte: „Es gibt keine falschen Entscheidungen. Jede Entscheidung bringt uns ein Mehr an neuen Erfahrungen ein."

Das stimmt. Jetzt weiß ich, dass ich beim nächsten Mal ein anderes Dessert bestellen werde.

Für die Zukunft nehme ich mir vor, bewusst auch falsche Entscheidungen in Kauf zu nehmen, um aus diesen Erfahrungen zu lernen – zumindest, wenn ich weiß, dass sie keine mittel- oder langfristigen negativen Konsequenzen für mein Leben haben. Mit einem Lächeln entscheide ich mich spontan, eine Haltestelle früher auszusteigen, um den Rest des Weges zu Fuß zurückzulegen. Die frische Luft nach der U-Bahn-Fahrt tut mir gut und ich genieße die gewonnene Leichtigkeit.

02 Wenn es laut wird – Wie ich es schaffe den Säbelzahntiger zu bezwingen

Ich saß am Schreibtisch und konzentrierte mich auf den Text vor mir. Vollkommen in meine Arbeit vertieft, zuckte ich abrupt zusammen. Ein schrilles Hundekläffen drang an mein Ohr. Ein beißender Schmerz durchfuhr mich. Sofort verkrampften sich meine Muskeln. Mein ganzer Körper zog sich zusammen. Ein beklemmendes Gefühl legte sich wie eine Schraubzwinge um meine Brust. Mir stockte der Atem. Das panische Kläffen der Hunde des Nachbarn im Erdgeschoss drang derart laut bis in meine Wohnung im zweiten Stock – so laut als stünden die Hunde neben mir im Raum. Mit der Konzentration war es vorbei. Ich war gerade so in dem Text gewesen, hatte einen richtigen Flow gehabt. Neben der akustischen Reizüberforderung stieg jetzt auch Wut in mir auf: Wut auf den Nachbarn, den das Hundegebell anscheinend selbst nicht störte und der sich keine Gedanken darüber machte, dass andere Menschen dies vielleicht als unangenehm empfinden würden. Mit meiner Konzentration war es jetzt vorbei.

Dies wiederholte sich nahezu täglich. Immer und immer wieder bellten die Hunde. Schon so manches Mal waren meine Worte in einem Telefonat wegen des durchdringenden Gebells untergegangen. Oft kochte ich innerlich, wenn das Gebelle mich aus einem Nickerchen riss. Und diesmal riss mich das Gekläffe aus dem wichtigen Text, den ich bearbeitete.

Sieben Wochen später:

Nun sitze ich wieder an meinem Schreibtisch. Ich bin in eine wichtige Aufgabe vertieft, als das schrille Hundekläffen an mein Ohr dringt. Ich nehme den beißenden Schmerz wahr, der meinen Körper durchdringt. Ich spüre das beklemmende Druckgefühl auf meiner Brust.

Doch bevor der Lärm mich überwältigen kann und das Gefühl mich lähmt, der Situation hilflos ausgesetzt zu sein, entschärfe ich die Situation: Ich atme tief ein und aus. Einmal. Ein zweites Mal. Ein drittes Mal. Dann stehe ich auf und hole, meinem Bauchgefühl folgend, meine Ohrstöpsel aus dem Nachttisch meines Schlafzimmers. Denn das habe ich in den letzten Wochen gelernt: „Ich muss aus der Schockstarre raus."

Ich hatte einen Artikel über die Überlebensreflexe des Menschen gelesen. Hier wurde ein Beispiel eines Urzeitmenschen angeführt, der allein unterwegs ist und plötzlich einem Säbelzahntiger in die Augen blickt. Im Bruchteil einer Sekunde musste er nun eine Entscheidung treffen, um sein Überleben zu sichern. Er hatte drei

Möglichkeiten, die sogenannten Überlebensreflexe, zur Auswahl:

1. Gegenangriff: Macht bei einem Säbelzahntiger wenig Sinn – Überlebenschance gleich Null.
2. Flucht: Ein Säbelzahntiger war sehr schnell – Überlebenschance ebenfalls Null.
3. Totstellen: Sich zu Boden fallen lassen und so tun, als wäre man tot. Dann geht keine Gefahr mehr vom Menschen aus und der Säbelzahntiger lässt ihn am Leben – vorausgesetzt der Säbelzahntiger hat gut gefrühstückt und ist satt.

Bis heute hat sich an diesen Überlebensreflexen nichts verändert. Wir reagieren bei Ereignissen, die wir potenziell als Bedrohung empfinden, noch genauso wie in der Urzeit: Gegenangriff, Flucht oder Totstellen. Und das Totstellen entspricht der Schockstarre, in der wir in die Flachatmung gehen und möglichst regungslos verharren. Wenn uns die Möglichkeit zur Flucht oder zum Gegenangriff nicht gegeben ist, passiert das automatisch.

Ein plötzlich aufkommender Lärm, wie das Hundegebell, wird unbewusst, insbesondere wenn man hochsensibel ist, ebenfalls als Bedrohung wahrgenommen.

Die Schockstarre setzt ein: Der Körper wittert Gefahr, spannt an und geht in die Flachatmung über. Die

Gedanken verengen sich zu einem Tunnelblick. Alles im Körper ist aufs Überleben ausgerichtet. Dagegen kann man nichts tun.

Aber man kann sich schnell aus dieser Schockstarre befreien und das habe ich eben gemacht: Ich habe tief ein- und ausgeatmet und zwar so, als wäre ich in einer entspannten Situation. Mein Tunnelblick verschwand. Ich wurde wieder kreativ in meinem Denken. Dadurch kamen eine Vielzahl an möglichen Handlungsoptionen in meinem Kopf. Je nach Bauchgefühl entschied ich mich immer für eine andere Option: Mal wechselte ich den Raum, mal wich ich bei schönem Wetter in meinen Garten aus oder mal legte ich auch eine kurze Schreibpause ein. Heute habe ich mich für die Ohrstöpsel entschieden.

03 Entspannter trotz Stress – Wie kurze Pausen bei mir den Unterschied machen

Der Tag entfaltete mal wieder sein turbulentes Drama – Stress pur. Eine Aufgabe jagte die nächste: Zahlreiche drängende E-Mails warteten auf meine Antwort. Zudem musste ich noch einige Überweisungen tätigen, zwei Kunden anrufen, ein Zoom-Meeting für später vorbereiten, einen Handwerkertermin vereinbaren und meinem Steuerberater dringend benötigte Unterlagen zuschicken. Zusätzlich lastete die Verpflichtung auf meinen Schultern, heute Abend zwei Freunde anzurufen – das hatte ich fest zugesagt, da ich seit Wochen keine Zeit mehr für private Gespräche hatte. Als wäre das nicht genug, musste ich auch noch einkaufen – der Kühlschrank war leer. Eine ganz kurze Mittagspause war die einzige Unterbrechung, die ich mir erlaubte. Aber die brachte kaum Erholung – überdreht wie ich war. Abends fühlte ich mich ausgelaugt und hatte das Gefühl, neben mir zu stehen. Ich fühlte mich niedergeschlagen: „So will ich nicht leben." Ich musste dringend aus dem Hamsterrad entkommen.

Als ich schließlich abends auf dem Weg zum Supermarkt war, um meinen leeren Kühlschrank zu füllen, fasste ich folgenden Entschluss: Gleich nach dem Abendessen überlege ich mir etwas, um nicht mehr in diese kopflose Hetze zu geraten, in der sich Gedanken und Gefühle überschlagen.

Nach dem Abendessen:

Ich sitze an meinem Küchentisch. Vor mir liegt ein leeres Blatt Papier. Morgen steht ein neuer Tag bevor und ich beginne, ihn zu planen, indem ich jeder Aufgabe ein geschätztes Zeitfenster zuweise. Ich fasse den Beschluss, dass ich mir nach je 45 Minuten konzentrierter Arbeit 5 Minuten Pause gönne – und zwar zusätzlich zu den 60 Minuten Mittagspause, die ich ebenfalls einplane. Wichtig: Die 5-Minuten-Pausen sollen im Kontrast zur vorherigen Tätigkeit stehen. Dies habe ich in einem Artikel gelesen. Entspannung, so hieß es, könne nur dann eintreten, wenn man in den Pausen etwas anderes mache, das keinerlei Ähnlichkeit mit der vorangegangenen Aufgabe habe. Wenn ich etwas Schriftliches am PC erledige, stehe ich auf und gehe durch das Zimmer. Der Bildschirm ist in dieser Zeit tabu. Auch der meines Smartphones. Bin ich unterwegs oder habe telefoniert, setze ich mich hin, schließe die Augen und fokussiere mich auf mich selbst. Falls eine Aufgabe das vorgegebene Zeitfenster überschreiten sollte, verschiebe ich sie einfach in ein anderes Zeitfenster. Wichtig dabei ist nur: Die festgelegten Pausen bleiben unangetastet. Die Planung gibt mir ein Gefühl der Entlastung und ich gehe damit zufrieden in mein Bett.

Am nächsten Abend fühle ich mich spürbar entspannter. Die regelmäßigen Pausen haben sich wohltuend auf meinen seelischen Zustand ausgewirkt. Wieder finde ich mich am Küchentisch wieder und nehme mir bewusst Zeit, den kommenden Tag zu planen. Dabei genieße ich bedächtig meinen ‚Guten Abend Tee'.

04 Die Kraft der Unwissenheit – Wie ich mich von meinen subtilen Ängsten befreite

Die Meldung in den Nachrichten löste eine Flutwelle von Emotionen in mir aus: Trauer, Verzweiflung und ein Gefühl der Hilflosigkeit. Mein Herz war schwer und ich fühlte einen Druck in meiner Brust, als ob all die negativen Energien sich dort festgesetzt hätten. Die intensiven Emotionen wogten in mir und ich konnte die Wellen der Gefühle nicht kontrollieren.

Die nächsten Tage verfolgte mich die schwere Last dieser Nachricht. Jeder Gedanke, jede Erinnerung an die Ereignisse führte zu einer neuen Welle von Traurigkeit. Die Welt um mich herum verschwamm, die Details des Alltags verschwanden im Nebel meiner hochsensiblen Gefühle. Das Klacken der Tasten auf meiner Tastatur, das Zwitschern der Vögel draußen – alles schien nun gedämpfter und unwirklicher. Ich war vollkommen im Bann der schrecklichen Meldung.

Der Versuch, die Nachricht zu verarbeiten, wurde zu einer emotionalen Achterbahnfahrt. Kleine Auslöser, wie ein trauriges Lied im Radio, verstärkten die Wucht der Emotionen. Das tiefe Mitgefühl für die betroffenen Menschen drückte mich nieder, als wäre es meine eigene Last.

Mehrmals am Tag suchte ich wie ein Süchtiger über

den Live-Blog der Online-Nachrichten nach neuen Meldungen über die Katastrophe, in der Hoffnung, dass sich an der Lage der Menschen etwas gebessert habe.

Das Geschehene ließ mich nicht los. Das Gedankenkarussell drehte sich unaufhörlich. Die Nachricht hatte eine tiefe Spur in meiner hochsensiblen Empfindsamkeit hinterlassen.

Die Tage vergingen und langsam ebbte die Intensität der Gefühle ab. Bis zur nächsten schockierenden Nachricht, die mich wieder herausfordern würde und viel Zeit erforderte, um meine Seele wieder in Einklang zu bringen.

Sechs Wochen später:

Ich bin gerade mit meinem Hund draußen. Das Wetter ist schön. Die Vögel zwitschern. Der Waldspaziergang tut mir gut und ich fühle mich wunderbar. Wie neugeboren. Seit einer Woche hält diese Stimmung nun an. Vor knapp vier Wochen habe ich einen Entschluss gefasst. Ich hatte zuvor einen Artikel in einer psychologischen Fachzeitschrift gelesen, der betonte, dass der Mensch nicht darauf ausgelegt sei, eine Fülle negativer Informationen durch Nachrichten zu verarbeiten.

In früheren Zeiten waren Menschen oft nur über Geschehnisse in ihrem eigenen Dorf informiert. Heutzutage sind wir ständig mit den negativen Ereignissen aus der ganzen Welt konfrontiert. Dies belastet uns Menschen, ruft subtile Ängste hervor.

Mir wurde klar, dass wir Hochsensiblen durch unser intensives Verarbeiten von Informationen noch stärker davon betroffen sein müssen.

Ich wollte mich vor der Flut aufwühlender Schreckensnachrichten schützen. Daraufhin richtete ich meinen PC und mein Smartphone entsprechend ein, um den ständigen Strom von Nachrichten zu meiden, die meine Gefühle wie eine Flutwelle durcheinanderwirbeln. Ich würde mich von nun an von Nachrichten weitgehend fernhalten.

Nur noch alle zwei Wochen möchte ich mich kurz den Überschriften der wichtigsten Meldungen auf Google News widmen. Ein vorsichtiger Versuch, um halbwegs informiert zu bleiben, ohne von der ununterbrochenen Flut negativer Emotionen erdrückt zu werden.

Die Umstellung auf diesen neuen Lebensstil war in den ersten Tagen alles andere als einfach. Die Versuchung, nach den neuesten Entwicklungen in der Welt zu suchen, zog stark an mir, doch ich hielt stand. Ich erlebte eine Befreiung von der ständigen, von außen eindringenden Emotionalität, die mich zuvor in ihrem Griff gehalten hatte. Die Entschlossenheit, die Nachrichten zu meiden, wirkte sich stark auf mein seelisches Wohlbefinden aus.

Seit einer Woche erlebe ich eine deutliche Aufhellung meiner Stimmung.

Auf meinem Spaziergang erreiche ich eine Lichtung im Wald und lasse meinen Hund über die Wiese rasen. Frei von den subtilen Ängsten, die zuvor im Hintergrund gelauert haben, genieße ich den Augenblick, bin ganz im Hier und Jetzt und schaue meinem Hund beim Umherrennen zu.

05 Zwischen Härte und Mitgefühl – Als ich lernte beide Seiten an mir zu akzeptieren

„Du hältst das automatisch für richtig, weil du es schon immer so gemacht hast. Typisch Baby-Boomer-Einstellung." Meine Worte durchschnitten die Luft wie Pfeile, als ich mal wieder die Kontrolle über meine Empfindungen verlor. Mitten in einem wichtigen Projekt, einer drängenden Terminangelegenheit, fühlte ich mich in einem reißenden Strudel aus Stress gefangen. Zudem stockte der Fortschritt und meine Frustration explodierte, als mein Bekannter scheinbar jeden meiner Vorschläge blockierte.

Abends im Bett dachte ich erneut über die Situation nach. Ein starkes Gefühl der Reue überkam mich, als ich die Worte und die Intensität meiner Reaktion Revue passieren ließ.

Mir wurde bewusst, wie tief meine scharfen Worte meinen Bekannten getroffen hatten. Die Erinnerung an sein betroffenes und erschrockenes Gesicht kam wieder hoch. In dem Moment des massiven Drucks hatte mein Feingefühl in mir keinen Raum. Nun tat es mir unendlich leid. Eigentlich bin ich einfühlsam und liebevoll. Doch in diesem Moment zeigte sich eine andere Seite von mir – schroff und harsch.

Einige Monate später:

Für eine Studienarbeit habe ich viel im Internet recherchiert und einige Bücher zum Thema Hochsensibilität gelesen. Mal einfühlsam und liebevoll, mal schroff und harsch – beides entspringt derselben Wurzel: meiner Hochsensibilität.

Als Hochsensible nehmen wir die Welt intensiver wahr. Dies ermöglicht uns tiefgreifende Empathie. Aber wir sind auch anfällig für schnelle Übererregung. In Momenten, in denen alles zu viel wird, kann sich unser Verhalten drastisch ändern – als wären wir wie ausgetauscht.

Die Diskrepanz zwischen liebevoller und harscher Kommunikation nagte einst stark an mir. Doch die Erkenntnis, dass beide Seiten meiner Persönlichkeit der Hochsensibilität entspringen, lehrte mich die Wichtigkeit der Selbstakzeptanz.

Ich habe gelernt, beide Facetten meiner Hochsensibilität zu umarmen und diese als Teil von mir zu akzeptieren.

Diese Akzeptanz wurde zu einem kraftvollen mentalen Werkzeug.

In stillen Momenten richte ich meinen Blick auf die schroffe Seite und sage: „Du darfst da sein. Du gehörst zu mir."

Diese Haltung hat bereits dazu beigetragen, dass die Schärfe und Rauheit dieser Seite nachgelassen haben.

06 Vom Ja zum Nein – Wie ich mir Überstimulation bereits im Vorfeld ausmale

Eingeengt zwischen schwitzenden Leibern wankte ich hin und her – geschoben, gestoßen, angerempelt. Immer wieder und wieder verlor ich den Kontakt zum Boden. Ich befand mich unfreiwillig in diesem pulsierenden Gebilde, das sich rhythmisch den Klängen der Musik und dem Toben der Menge hingab. Die Enge nahm mir den Atem. Mein Herz klopfte. Panik kam in mir auf.

Dazu umklammerten die Töne von Bässen, Gitarren, Saxofonen und die Stimme des Lead-Sängers meinen Kopf. Sie strömten unablässig durch meine Ohren in mich und durchdrangen jede Faser meines Körpers. Alles fühlte sich so unwirklich an. Aber ich war hier: Inmitten eines Pop-Rock-Konzerts. Da wollte mein Begleiter unbedingt hin. Er war ein absoluter Fan dieser Band und wollte, dass ich mitkomme. Ihm war sein ursprünglicher Begleiter kurzfristig ausgefallen und er wollte nicht alleine gehen. So hatte er mich bedrängt: „Komm doch mit. Das ist ganz toll." Und ich habe im Affekt „Ja" gesagt. Schließlich konnte ich als guter Freund den Gefallen nicht abschlagen. Wusste ich doch, wie sehr er sich auf das Konzert gefreut hatte.

Im Nachhinein ärgerte ich mich über mich selbst. Ich wusste bereits im Vorhinein, dass das Konzert für mich nichts sein würde. Jetzt mittendrin ärgerte ich mich noch mehr.

Nach dem Konzert war ich fix und fertig. Um zwei Uhr war ich zuhause – völlig ausgelaugt und zugleich aufgedreht. Am nächsten Tag hatte ich zwar keine Verpflichtungen, aber vorgehabt, etwas Schönes zu unternehmen. Doch das konnte ich jetzt vergessen. Ich lag den ganzen Tag einfach nur auf der Couch – geschafft und betäubt von dem Konzert. Immer wieder ging mir der Gedanke durch den Kopf: „Wie bin ich da hineingeraten?“ Weil ich nicht Nein sagen konnte. Weil ich alles Mögliche machte, um die Erwartungen anderer Menschen nicht zu enttäuschen.

Zwei Monate später:

Ich sitze mit demselben Freund gemütlich in einem Café. Die Stimmung ist angenehm und unsere Unterhaltung verläuft entspannt. Plötzlich durchbricht die Frage meines Freundes unsere harmonische Atmosphäre: „Ich will Sonntag auf die Kirmes gehen. Hast du Lust mitzukommen?“ Ein kurzer Moment der Stille tritt ein, während ich innehalte und tief in mich hineinhorche. Es folgt eine klare Antwort: „Tut mir leid. Ich komme nicht mit. Ich fühle mich auf der Kirmes nicht wohl.“ Die Klarheit meiner Antwort durchschneidet für einen Moment die Luft. Aber die Sache ist vom Tisch. Auch für meinen Freund. Das habe ich gelernt: In solchen Momenten spüre ich in mich hinein und stelle mir in meiner Fantasie ganz konkret vor, was mich erwarten würde. In diesem Fall: Eine riesige Kirmes mit viel Gedrängel, lauten Fahrgeschäften, ohrenbetäubender Musik und ständigen Durchsagen, viele grelle Lichter... – all das formt sich in meiner Vorstellung und ruft Bilder hervor, die meine hochsensiblen Sinne bereits im Voraus überstimulieren.

Schnell werde ich mir darüber bewusst, welchen Preis ich für ein „Ja" bezahlen würde. Das Hineinfühlen in den zu erwartenden Zustand ermöglicht mir, die emotionalen und physischen Reaktionen vorwegzunehmen. Das „Nein" fällt mir in diesem Moment dann deutlich leichter – eine klare Entscheidung, die meine inneren Grenzen respektiert.

07 Wenn es stressig wird – Wie Entschleunigung mich vor totaler Erschöpfung bewahrt

Ich habe gelernt, regelmäßig kurze Pausen einzulegen, um meinen Tag zu entschleunigen und mich zu beruhigen. Doch heute, an diesem Tag, schien alles anders zu sein – eine Herausforderung, die meine bewährte Strategie außer Kraft setzte.

Die Last meines Schreibtisches war erdrückend und mit den neu hinzukommenden Aufgaben schrumpfte meine To-do-Liste nicht. Ich konnte dem Überfluss an Aufgaben und Terminen nicht entkommen. Verantwortlichkeiten drängten auf mich ein und Fristen mussten dringend eingehalten werden. So blieb mir nichts übrig, als mich durchzukämpfen, so sehr es mich auch überforderte. Je mehr mich die Außenwelt in einem Strudel aus Druck, Pflichterfüllung und Stress zu reißen schien, desto mehr fragte ich mich: „Wie halte ich das durch?" Die gewohnten Pausen, die meine Seele beruhigen sollten, waren an diesem Tag unerreichbar. Es blieb mir nur die Konfrontation mit dem Unvermeidlichen: Ich musste da irgendwie durch und würde danach Tage brauchen, um mich von diesem Stress einigermaßen zu erholen.

Abends saß ich auf meinem Sofa, doch zur Ruhe kam ich einfach nicht. Der Tag war viel zu hektisch gewesen.

„Wie kann ich in Zukunft mit so einer Überflutung an Aufgaben umgehen, ohne mich völlig selbst zu verlieren?" Das Wort „Entschleunigung" schwebte beharrlich in meinem Kopf, doch genau das schien an diesem Tag das Problem zu sein – keine Zeit für Pausen, Entschleunigung gleich null. Ein abwegiger Gedanke tauchte auf: Das Überfordernde und Überreizende entspannt angehen. „Ja klar, das funktioniert bestimmt ganz super!" spöttelte mein innerer Kritiker resigniert und beißend ironisch zugleich. Doch der Drang, etwas zu ändern, ließ mich nicht los: „Gib dem Gedanken eine Chance!"

Einige Wochen später:

Ich sitze an meinem Schreibtisch und arbeite eine Flut von Aufgaben ab. Ich konzentriere mich bewusst auf das, was vor mir liegt, in einem behutsamen, langsamen Tempo – entschleunigt. Auch wenn dieser Tag mich an die Grenzen meiner Kräfte bringt und eine Pause bisher nicht möglich war, geht es mir in solchen Situationen deutlich besser als früher.

Ich habe gelernt: Wenn unaufschiebbare Aufgaben mich überwältigen und Pausen unmöglich erscheinen, kann ich zumindest bewusst entschleunigt an die Aufgaben herangehen. Indem ich mein Arbeitstempo bewusst drossele, bewahrt mich das vor allzu starker Erschöpfung. Kleinere Aufgaben erledige ich sogar in

Zeitlupe. Ich nehme jede Bewegung meines Körpers, die mit dieser Aufgabe zusammenhängt, bewusst wahr. Es wirkt ein wenig entspannend – das ist der Ersatz für meine Pausen. Ich fokussiere mich auf mich und fahre kurz herunter. Am Ende des Tages habe ich sogar das Gefühl, deutlich mehr geschafft zu haben. Offenbar hat die bewusste Drosselung meines Arbeitstempos für mehr Fokussierung gesorgt und ich konnte meine Aufgaben effizienter erledigen. Es heißt ja nicht umsonst: „Wenn du es eilig hast, gehe langsam."

08 Die Revolution in meinem Schlafzimmer – Mein Befreiungsschlag gegen nächtliche Gedanken

Mein Kopf war übervoll von den Ereignissen des Tages. Jede Begegnung, jeder Dialog spielte sich immer wieder und wieder in meinem Kopf ab.

Feinheiten des Tages, die für andere vielleicht flüchtig waren, verfestigten sich zu lebhaften Bildern und ich spürte, wie mein Verstand in die Strudel der Gedanken abdriftete. Ich durchlebte alles emotional ein zweites, ein drittes Mal, unzählige Male – immer und immer wieder. Im Bemühen, Ruhe zu finden, wechselte ich im Bett ständig meine Liegeposition. Ich drehte mich nach links, dann wieder nach rechts, schon wieder nach links - es half aber nicht. Die Stunden verstrichen und als ich endlich einschlief, war es schon früher Morgen. Mit dem Klingeln des Smartphone-Weckers brach die Realität des neuen Tages über mich herein. Ich fühlte mich noch ganz zerschlagen, so tief spürte ich die Erschöpfung einer fast durchwachten Nacht. Der Gedanke, mich einfach umzudrehen und weiterzuschlafen, war verlockend, aber meine Verpflichtungen des Tages warteten. Es half nichts. Ich zwang mich aufzustehen.

Eine Woche später:

Nach einer wieder nahezu schlaflosen Nacht und von Benommenheit überwältigt, stoße ich morgens meinen frisch gekochten Kaffee um. Ich breche in Tränen aus. Müde und verzweifelt erkenne ich, dass es so nicht weitergehen kann. Die nächtliche Ruhelosigkeit muss dringend ein Ende finden, und zwar sofort. Ich schmeiße meinen Tagesablauf um und sage alle meine Termine ab. Ich setze mich an meinen PC und beginne zu googeln: „Wie finde ich zurück zu einem erholsamen Schlaf?"

Noch am selben Abend setze ich die Ratschläge in die Tat um: Ich verbanne sämtliche elektronischen Medien aus meinem Schlafzimmer. Die Serien auf dem Laptop vor dem Einschlafen, das gelegentliche Blicken aufs Smartphone, um WhatsApp-Nachrichten zu checken – Schluss damit! Die Informationsflut vor dem Einschlafen ist einfach zu viel. Selbst wenn ich nicht auf die Bildschirme schauen würde: Ich wollte die Anwesenheit dieser Geräte nicht mehr in meinem Schlafzimmer spüren. Meine feinfühligen Antennen würden die subtile Präsenz der Informationen, die von diesen Geräten ausgingen, wahrnehmen.

Die Weckfunktion des Smartphones wird durch einen alten, vergessenen Digitalwecker aus dem Schrank ersetzt.

Vor dem Zubettgehen setze ich noch einen weiteren Tipp um. Ich gieße mir eine Tasse Entspannungs-Tee auf. Während dieser abkühlt, führe ich ein kurzes Einschlafritual durch, bestehend aus zehn Minuten Entspannungsyoga – gibt's kostenlos auf YouTube. Diese kurze Zeit des bewussten Innehaltens soll mir helfen, die Gedanken des Tages abzustreifen und mich auf einen ruhigen Schlaf vorzubereiten.

Es funktioniert. Ich fühle mich deutlich gedankenbefreiter. Mit meinem Tee betrete ich mein medienfreies Schlafzimmer. Ich setze mich auf mein Bett und nehme den Tee sehr bewusst zu mir, indem ich mich mit geschlossenen Augen auf meinen Geschmackssinn fokussiere. Dann lege ich mich hin. Kurz darauf schlafe ich ein.

Ein kurzes Erwachen in der Nacht. Ich taste mich im Dunklen durch den Flur zum Badezimmer und setze damit einen weiteren Tipp um: Wenn das Licht ausbleibt, wertet der Körper dies nicht als Schlafunterbrechung. Zurück im Bett schlafe ich schnell wieder ein.

Bereits 20 Minuten bevor der Wecker klingelt, wache ich erholt auf.

09 Wie ich mich vor belastenden Geschichten schütze

Die Dunkelheit der Worte schien sich in meinem Inneren zu verdichten. Ein beklemmendes Gefühl umhüllte mich, als ein Freund mir von einem grausamen Vorfall erzählte, der sich wie ein Schatten auf meine Empfindungen legte. Meine Kehle schnürte sich zu und ich spürte mein Herz vor Entsetzen schlagen. Das schreckliche Bild eines Hundes, geliebt und lebendig, der durch die unvorstellbare Brutalität eines anderen getötet wurde, drängte sich schmerzhaft in meine Gedanken. Die Worte „Nein! Hör auf!“, hallten in meinem Kopf, während ich gleichzeitig zu gelähmt war, diese Worte auszusprechen.

Eine innere Erstarrung hinderte mich daran, den Fluss der Geschichte zu unterbrechen. Höflichkeit zwang mich zuzuhören, doch ich fühlte mich wie gefangen in einem Alptraum, den ich nicht stoppen konnte. Der Schrecken hatte sich in meinem Inneren festgesetzt, übelkeitserregend und herzzerreißend zugleich.

Der Freund wusste, wie sehr ich an meinem eigenen Hund hing, der im Café ganz entspannt zu meinen Füßen lag. Er hatte das schreckliche Ereignis aus dem Nachbarort wohl nur erzählt, um mich zu warnen, wie vorsichtig man sein muss. Vielleicht hatte er aber auch nur nach einem Stichwort gesucht, um unser Gespräch im Fluss zu halten: „Hund“, ist immer ein gutes Stichwort bei Sven.

Noch Tage nach unserem Treffen fühlte ich mich von den Emotionen, welche die Geschichte in mir ausgelöst hatten, überwältigt, bis diese allmählich an Intensität verloren und abebbten.

Drei Wochen später:

Ich sitze mit demselben Freund in einem gemütlichen Café, als dieser mich erneut mit einer erschütternden Geschichte konfrontiert. Es geht um das tragische Schicksal eines Cousins seiner Nachbarin, die er flüchtig kennt. Doch dieses Mal entschließe ich mich, die Notbremse zu ziehen. „Ich möchte das nicht hören“, unterbreche ich ihn höflich, aber entschieden.

Nach unserem letzten Treffen hatte ich folgende Entscheidung getroffen: In Zukunft möchte ich negative Ereignisse, die nicht persönlich erlitten, sondern aus reinem Zeitvertreib erzählt werden, nicht länger zum Teil meines Lebens machen. Es sei denn, ich kann konkret etwas tun, um den Betroffenen zu helfen. Diese bewusste Entscheidung führte dazu, dass ich mich nun deutlicher abgrenzen kann, um mein sensibles emotionales Nervensystem besser zu schützen.

Ich erkläre meinem Freund die enorme Belastung, die ich als hochsensibler Mensch habe, wenn er mir solche Geschichten erzählt. Dann versichere ich ihm, dass ich immer für ihn da sein werde, wenn sich etwas Tragisches ereignet, das ihn selbst betrifft – dann würde ich schmerzliche Gefühle in Kauf nehmen. Für ihn da zu sein, ist für mich selbstverständlich. Aber von nur aufgeschnappten Schrecken und Nöten möchte ich nichts mehr hören.

Mein Freund blickt mich nachdenklich an. Aber ich spüre, dass er meine Entscheidung respektiert. Wir wechseln das Thema und sprechen über schöne gemeinsame Erlebnisse, lachen über Kleinigkeiten und genießen die Wärme der gemeinsamen Zeit.

10 Als ich Lärm bewusst in meinen Körper ließ

Als der ohrenbetäubende Lärm der Sirenen durch die Luft schrillte, durchfuhr mich ein Schauder, als hätte ein Blitz meine Adern durchzuckt. Sofort verkrampften sich meine Muskeln und mein Herz begann wild zu pochen. Das grelle Geräusch bohrte sich wie ein beißender Schmerz in meine Sinne, während sich ein bedrückendes, atembeklemmendes Gefühl in meiner Brust festsetzte. Mein gesamter Körper schien in Alarmbereitschaft zu sein und die aufsteigende Panik drohte mich zu überwältigen. Ich presste die Hände gegen meine Ohren, in einem verzweifelten Versuch, den schrillen Klang zu dämpfen, doch es half nicht. Der Lärm schien sich in meinem Kopf festzusetzen und verselbstständigte sich – keine Möglichkeit zur Flucht.

Gemeinsam mit einer Freundin war ich auf dem Weg zum Supermarkt, um Zutaten zum gemeinsamen Kochen einzukaufen. Als die beiden Feuerwehrlöschzüge und der Polizeiwagen mit jaulenden Sirenen an uns vorbeirasten, durchzog das schrille Schreien meine Ohren, bevor ich überhaupt die Einsatzfahrzeuge sehen konnte. Der Lärm verschärfte sich, als die Fahrzeuge passierten und hallte noch nach, als sie bereits außer Sichtweite waren. Die Zeit schien in diesem unerträglichen Moment ihre Bedeutung zu verlieren und jede Sekunde fühlte sich endlos an. Meine Freundin bemerkte wohl meine aufgewühlte Reaktion und fragte besorgt: „Was ist los?" Ich konnte nur fragen: „Macht dir das nichts aus?" Ihre Antwort: „Nein, ich kann mich da abgrenzen."

Solche Situationen begegneten mir im Alltag ständig: das ohrenbetäubende Kläffen von Hunden, das donnernde Einfahren eines Zuges oder der krachende Lärm einer Baustelle. Jedes Mal durchzog mich der Lärm wie anhaltender Schmerz meinen Körper und wühlte mich im Innersten auf.

Fünf Monate später:

Auf dem Weg zur Post erblicke ich schon von Weitem die Baustelle, an der ich vorbeimuss. Die Baustellengeräusche sind noch nicht zu hören, aber ich bereite mich innerlich auf den entsetzlichen Lärm vor. Als ich direkt an der Baustelle vorbeigehe, durchdringt mich plötzlich das schrille, hochfrequente Geräusch einer Metallsäge. Die schneidende Vibration fühlt sich an, als würde sie durch meinen Körper hindurchfahren. Instinktiv halte ich inne und entscheide mich für etwas Ungewöhnliches: Ich atme bewusst und ruhig tief ein und aus, lasse den Schmerz zu, mache mich durchlässig für ihn. Während ich atme, sage ich mir: „Ich akzeptiere, dass der Schmerz da ist und er darf jetzt durch meinen ganzen Körper hindurchgehen."

Einige Tage zuvor habe ich einen Blog-Artikel darüber

gelesen. Die Idee, den Schmerz zuzulassen und durch den ganzen Körper fließen zu lassen, klang zunächst absurd. Doch ich wollte mich dieser Idee öffnen und ein Vergleich kam mir in den Sinn: ein Duschkopf mit einstellbaren Düsen. Wenn ich die Düsen verenge, kann der Wasserstrahl stark und schmerzhaft sein. Öffne ich sie weiter, umhüllt mich das Wasser deutlich sanfter. Ähnlich verhält es sich wohl mit dem Schmerz. Wenn ich Widerstand leiste, trifft er mich gezielt mit voller Wucht. Lasse ich ihn jedoch zu und lasse ihn durch meinen ganzen Körper fließen, verteilt er sich und fühlt sich weniger intensiv an.

An diesem Morgen, auf dem Weg zur Post, probiere ich es nun aus: „Lass die Anspannung los, die den Schmerz in deinem Kopf und in deiner Brust zusammenzieht. Lass den Schmerz zu und durch deinen ganzen Körper fließen." Während ich bei diesen Gedanken tief ein- und ausatme, werde ich innerlich weicher. Der Druck in mir verteilt sich, der Schmerz wird erträglicher. Natürlich möchte ich mich nicht länger als nötig in der Nähe dieses Lärms aufhalten, aber für diesen kurzen Moment hat mir diese Technik geholfen. Mit einem Gefühl des Erfolgs und deutlich entspannter als sonst, bewege ich mich weiter in Richtung Postfiliale.

11 Wie ich negative Gedanken wegwische und meine Ängste auflöse

Die Dunkelheit der Gedanken umklammerte meinen Verstand, wie ein finsterer Schatten, der sich rasant ausbreitete und mich gefangen nahm. „Was, wenn alles schiefgeht?“ Ein erdrückendes Gefühl breitete sich in meiner Bauchgegend aus. Es folgten weitere Gedanken. „Und was ist mit meiner finanziellen Sicherheit? Wie soll ich meine Rechnungen bezahlen?“ Panik stieg in mir auf. Diese wurde durch die düsteren Bilder einer Zukunft verstärkt, in der das Licht des Glücks für immer erloschen schien.

Die Angst, die aus diesen Gedanken entsprang, verfolgte mich noch stundenlang. Ablenkung war kaum möglich und die düsteren Schatten meiner Sorgen schienen sich in jede Ecke meines Bewusstseins zu graben. Um dem bedrohlichen Fluss der Gedanken zu entkommen, suchte ich Zuflucht in einer Serie im Internet. Die Bildschirmeindrücke flackerten vor meinen Augen und für einen kurzen Moment schien es, als könnte ich die Realität der Ängste vergessen. Die Handlung der Serie fesselte mich, riss mich mit. Ich wurde müde und suchte schließlich den Weg ins Bett. Kaum hatte ich meine Augen geschlossen, begann das Gedankenkarussell in meinem Kopf erneut seine Fahrt und meine Ängste und Sorgen erwachten zu neuer Stärke in der Stille der Nacht. Irgendwann schlief ich ein.

Ein paar Monate später:

„Was ist, wenn ich die Frist verpasse?“ Ein beängstigender Gedanke steigt in mir auf.

Ich spüre in mich hinein. Welche Emotion nehme ich zeitgleich in diesem Moment wahr? Es ist Angst – eine tiefliegende Emotion, die diesem Gedanken zugrunde liegt. Ich stelle mir vor, dass ich den Gedanken wegwische. Ich möchte mich nicht mit diesem auseinandersetzen. Stattdessen spüre ich in meine Angst hinein, atme tief ein und aus und sage mir innerlich: „Es ist in Ordnung, Angst, dass du da bist.“ Somit lasse ich die Angst in mir zu.

Immer habe ich geglaubt, dass meine Gedanken meine Emotionen auslösen. Dann wurde ich durch ein Buch eines Besseren belehrt: Nicht meine Gedanken sind für meine Emotionen verantwortlich. Es verhält sich genau andersherum: Tiefliegende, unangenehme Emotionen, meistens Ängste, setzen das Gedankenkarussell in Bewegung. Es gilt, diesen Emotionen auf den Grund zu gehen und dadurch die negativen Gedanken aufzulösen. Das geschieht dadurch, dass wir in diese Emotionen, Ängste hineinspüren und sie annehmen. Erst dann können wir diese loslassen. Das braucht Zeit.

Erst mittelfristig tritt dieser Effekt ein.

Aber schon jetzt wirkt sich ein anderer Effekt aus: Durch das Beiseiteschieben des negativen Gedankens, ist mein Kopf entlastet. Früher hatte ich das Gedankenkarussell in meinem Kopf und die Ängste. Jetzt ist es deutlich einfacher: Ich fokussiere mich ausschließlich auf meine unangenehme Emotion und habe die Gewissheit, dass sich diese Schritt für Schritt auflöst.

12 Als ich in der U-Bahn die Stille entdeckte

Durch das U-Bahn-Zwischengeschoss schob und drängte sich ein unaufhaltsamer Strom von Menschen. Ich kämpfte mich mühsam hindurch, während das Klackern von Schuhen auf dem harten Boden und das lebendige Stimmengewirr der frühmorgendlichen Pendler meine Sinne durchdrangen. Jedes Geräusch, jede Bewegung strömte ungefiltert in mich ein, als wäre mein Gehirn ein riesiger Schwamm, der gierig alles aufsog.

Am Bahngleis angekommen, versuchte ich, meine Gedanken zu sammeln. Doch dann fuhr die ratternde Bahn ein und das Quietschen der Räder auf den Gleisen schien meinen Kopf innerlich zu zersägen. Als ich den Wagen betrat, spürte ich physisch die Enge, die die Anwesenheit all der anderen Fahrgäste in mir auslöste. Die Bahn setzte sich in Bewegung. Ohne Sitzplatz versuchte ich, stehend zu entspannen, doch das laute Quietschen der Räder durchzog meinen Körper wie ein elektrischer Strom. Gespräche und das Klingeln von Handys vermischten sich zu einem unerträglichen Klangteppich.

Mein Kopf fühlte sich an, als würde er gleich explodieren.

Zwei Wochen später:

Ich stehe auf dem Bahngleis und warte darauf, dass die U-Bahn einfährt. Durch die Menschenmengen hindurchgekämpft, fühle ich mich bereits vor der Fahrt überstimuliert und gestresst.

Zweifel überkommen mich. Ist mein Vorhaben eine gute Idee? Zuhause dachte ich, es würde schon irgendwie funktionieren. Jetzt denke ich: „Wie naiv! Bin ich während der Bahnfahrt nicht viel zu sehr abgelenkt?" Kurz vor dem Verlassen meiner Wohnung hatte ich den Entschluss gefasst, etwas Zeit zu sparen und die Bahnfahrt für eine Tätigkeit zu nutzen: Ich wollte mir während der Fahrt entspannende, frequenzbasierte Musik anhören. Vielleicht ließe sich das ein oder andere Lied in einem neuen Seminar einsetzen, das ich gerade konzipiere.

Die U-Bahn fährt quietschend ein. Ich halte mir die Ohren zu. Die Bahn kommt zum Stehen und ich steige ein.

„Stressiger kann es sowieso nicht mehr werden", denke ich, greife nach den In-Ear-Kopfhörern in meiner Tasche und verbinde diese mit meinem Smartphone. Ich spiele die Musik mit den entspannenden Frequenzen ab. Sofort bemerke ich, dass die meisten Bahngeräusche durch die Musik übertönt werden. Ich lasse mich auf die verschiedenen Frequenzen ein und spüre bald, wie sich eine angenehme Entspannung in mir ausbreitet. Die Musik schirmt mich nicht nur vor störenden Geräuschen ab, sondern wirkt wie eine Schutzbarriere gegenüber den anderen Passagieren. Es ist, als würde ich eine unsichtbare Distanz zu ihnen aufbauen, obwohl ich körperlich mitten unter ihnen bin.

Sieben Haltestellen weiter erreiche ich mein Ziel. Ich fühle mich deutlich entspannter als nach anderen U-Bahnfahrten. Auch wenn ich die Bewegung der Bahn immer noch intensiv gespürt habe, wurde meine empfindliche Geräuschwahrnehmung entlastet. Zudem erschuf mir die frequenzbasierte Musik einen persönlichen, geschützten Raum inmitten der hektischen Umgebung des U-Bahn-Wagens. Beim nächsten Mal spiele ich die Musik schon beim Betreten der U-Bahnhaltestelle ab.

13 Wie ich es schaffte mich als Hochsensibler besser verstanden zu fühlen

Die Dunkelheit umhüllte mich, als ich in meinem Wohnzimmer saß. Immer wieder wurde ich von einer neuen Welle von Emotionen überrollt. Mal fühlte ich mich klein und verloren und Tränen liefen meine Wangen hinunter. Dann durchzog die ironische Bitterkeit der Situation meine Gedanken. Ich war immer für meine sehr gute Freundin dagewesen. Nun von ihr, wie unbedeutend, weggestoßen worden zu sein, entfachte eine kochende Wut in mir. Zwischendurch ließ mich der Gedanke aufatmen, dass es vielleicht doch nicht so schlimm sei und sie es bestimmt nicht so gemeint hatte. Doch diese Momente der Erleichterung wurden von einer erneuten Welle der Realität weggespült und ich erkannte, dass ich die Situation richtig interpretiert hatte: Mir ging es schließlich gerade so richtig schlecht. Das hätte sie doch bemerken müssen!

All diese Emotionen und Gedanken verschmolzen zu einem beklemmenden Gefühl der Hilflosigkeit. Am Nachmittag hatte ich mit meiner guten Freundin telefoniert. Ich hatte ihr am Telefon erzählt, wie es mir ging und sie war nicht darauf eingegangen. Dabei hatte ich gerade große Probleme. Ich wusste nicht ein noch aus und zweifelte tief an mir selbst. Das, was da in mir fraß, ging an meine Existenz. Ich hätte es so gebraucht, dass sie mir zuhört und mich auffängt.

Es vergingen einige Tage, in denen ich immer wieder von den gleichen Wellen der Emotionen und Gedanken hin und her geworfen wurde. Zwischendurch dachte ich daran, ihre Nummer zu blockieren und meine Verbindung zu ihr auf allen Social-Media-Kanälen zu kappen.

Eine Woche später erhielt ich eine WhatsApp-Nachricht von ihr. „Hey, lange nichts von dir gehört. Geht es dir gut?" Ihre Worte lösten eine Mischung aus Erstaunen und Verwirrung in mir aus. Wie konnte das sein? Ich habe doch meine Gefühle in unserem Gespräch mit ihr geteilt? Entschlossen rief ich sie an, um das Gespräch zu suchen.

Die Freundin fiel aus allen Wolken. Sie war vollkommen perplex: „Hey, ich habe gar nicht mitbekommen, dass es dir so mies geht." Bitte? Sie hatte das nicht mitbekommen. Ich war bei dem Gespräch doch dabei. Ich hatte es ihr doch erzählt. Es stellte sich heraus, dass sie gar nicht wahrgenommen hatte, wie es mir ging. So vorsichtig hatte ich meine Situation angedeutet. Aus der Stimmung, die ich rübergebracht hatte, hatte sie nicht heraushören können, in welcher Not ich war. Sonst wäre sie doch für mich dagewesen.

Sechs Monate später:

Ich telefoniere mit der Freundin und erzähle ihr, dass es bei mir beziehungstechnisch sehr schlecht läuft. Der Streit heute Morgen geht mir immer noch sehr nah. Sie bietet sofort an, nach ihrer Arbeit vorbeizukommen. Wir könnten gemeinsam etwas kochen und sie würde für mich da sein.

In den letzten Monaten habe ich viel über mich und meine Feinfühligkeit gelernt. Als hochsensibler Mensch neige ich dazu, mich sehr vorsichtig auszudrücken und meine Gefühle oft nur angedeutet zu teilen. Ich bin aber immer davon ausgegangen, dass andere Menschen mich verstehen. Ich merke ja auch immer schnell, wenn es jemandem nicht gut geht. Jetzt ist mir klar geworden, dass nicht jeder Mensch diese feinen Antennen hat. Das ist ein Persönlichkeitsmerkmal, das uns hochsensible Menschen kennzeichnet.

Mittlerweile wende ich folgende Strategie an: Habe ich während eines Gesprächs das Gefühl, dass mich mein Gegenüber nicht versteht, halte ich kurz inne und frage mich: „War ich zu indirekt?“ Anschließend bemühe ich mich, klarer auszudrücken, was ich möchte oder was mich im Innersten bewegt. Seitdem fühle ich mich deutlich besser von anderen Menschen verstanden.

14 Wie ich mich von Übergriffigkeit distanziere

Endlich erreichte ich die Kasse in dem überfüllten Supermarkt. Der heutige Einkauf war für mich eine besondere Herausforderung: Ich hatte meine In-Ear-Kopfhörer vergessen, die mich normalerweise mit entspannender Musik vor der Geräuschkulisse des Supermarktes schützten. So musste ich mich neben dem grellen Licht und dem Gedrängel auch noch dem Lärmpegel stellen – bestehend aus dem Klappern der Einkaufswagen, den angeregten Gesprächen der Kunden und dem stetigen Piepen des Barcode-Scanners, je näher ich der Kasse kam. Während ich in der Schlange stand, wanderte mein Blick über die sorgfältig ausgewählten Zutaten in meinem Einkaufswagen. „Habe ich wirklich an alles gedacht?", versuchte ich mich zu konzentrieren, wurde aber durch die lautstarke Stimme der Dame vor mir abgelenkt. Sie unterhielt sich mit einem Herrn, der direkt vor ihr in der Schlange stand. Die Unterhaltung nahm ein abruptes Ende, als die Frau plötzlich davoneilte und ihren Einkaufswagen stehen ließ. Ich konzentrierte mich wieder auf meine Einkäufe und ging in Gedanken nochmals die Zutatenliste durch. Als ich meine Aufmerksamkeit wieder der Schlange vor mir widmete, bemerkte ich, dass sie nach vorne gerückt war.

Schnell versuchte ich die entstandene Lücke zu schließen und schob meinen Einkaufswagen nach vorne. Plötzlich stand die Frau, die vorhin von ihrem Einkaufswagen weggeeilt war, neben mir. Ich spürte Feindseligkeit in ihren Augen. Der Mann, mit dem sie eben im Gespräch vertieft war, hatte wohl ihren Einkaufswagen weiter nach vorne gezogen. Und ich hatte meinen Einkaufswagen dann so weit vorgeschoben, dass sie jetzt nicht mehr die Möglichkeit hatte, sich hinter ihren Einkaufswagen zu stellen. Die Frau machte mir heftige Vorwürfe, was mir einfiele, sie hier auszuschließen. Ehrlich entgegnete ich ihr, dass es keine Absicht war. Ich war in Gedanken. Doch ihre Wut schien keine Grenzen zu kennen. Sie blieb hart und machte mir weiterhin Vorwürfe.

Als ich schließlich den Supermarkt verließ, begleitete mich ein Grübeln über das Verhalten dieser Frau: Ihre Reaktion schien übertrieben und ich empfand ihr Verhalten mir gegenüber als übergriffig. Die Frage nach dem Warum ließ mich nicht mehr los. Das Zusammentreffen im Supermarkt hatte eine emotionale Resonanz in mir ausgelöst, die ich nur schwer abschütteln konnte. In meinem hochsensiblen Inneren hallten die Eindrücke und Gefühle dieser kurzen Episode noch lange nach, während ich den Heimweg antrat. Warum war diese Frau so hart? Durfte ich nicht einmal einen Fehler machen? Hätte sie nicht einfach warten können, bis die Schlange wieder weiter nach vorne gerückt wäre und sich dann in die neu entstandene Lücke vor ihrem Einkaufswagen stellen können? Die Gedanken ließen mich nicht mehr los und lösten zudem eine Flut an unangenehmen Emotionen in mir aus. Ich wurde zunehmend wütender über das Verhalten dieser Frau.

Eine halbe Stunde später:

Nachdem ich meine Einkäufe in cen Kühlschrank geräumt habe, setze ich mich auf mein Sofa und führe eine Übung durch: Ich hebe meine Unterarme an. Meine Handflächen sind nach oben geöffnet. Ich stelle mir vor, dass in einer der beiden Hände ein Bild von mir liegt – in der anderen Handfläche das Bild der mir unangenehmen Person (in meinem Fall die Frau aus dem Supermarkt).

Ich schließe die Augen und stelle mir vor, dass mich mit dieser Person ein Kabel verbindet. Dieses steht für den gedanklich negativen Einfluss, den sie auf mich hat. Dann treffe ich die bewusste Entscheidung, dieses Kabel zu durchtrennen. Mit beiden Händen packe ich das imaginäre Kabel und reiße es auseinander.

Dann bringe ich die Handflächen in die Ausgangsposition und spüre in mich hinein: Ist dieses Kabel wirklich durchtrennt? Gibt es noch weitere Kabel? Wenn ja, führe ich die Übung so lange durch, bis uns kein Kabel mehr verbindet.

Sobald ich wieder an diese Person denke und unangenehme Gefühle in mir hochkommen, wiederhole ich die Übung.

Nachdem ich diese Übung durchgeführt habe, breitet sich im Anschluss ein Gefühl der Erleichterung in mir aus. Ich habe mich gedanklich und emotional von dem mir unangenehmen Menschen befreit.

15 Gegen den Druck anderen helfen zu müssen

Ich spürte, wie die Schwere des Moments in der Luft hing. Ihre Worte, von Angst und Unsicherheit durchzogen, drangen an meine Ohren. Ich lauschte aufmerksam, während sich in mir eine bedrückende Anspannung aufbaute. Ihr Blick spiegelte ihre seelische Belastung wider. Ein bedrückendes Gefühl lag auf meiner Brust, während sich in meinem Inneren die quälende Frage formte: „Was kann ich jetzt für sie tun?" Ich grübelte über Möglichkeiten nach. Doch je mehr ich nach einer Lösung suchte, umso undurchsichtiger wurden meine eigenen Gedanken. Als sie ging, blieb ich mit einem Gefühl der Ohnmacht zurück: Ich fragte mich, was ich hätte tun können, um ihr in dieser schwierigen Zeit Trost zu spenden.

Bei ihrem Vater hatten die Ärzte Krebs diagnostiziert. Er sollte in Kürze operiert werden – der Ausgang war ungewiss.

Sieben Wochen später:

Die Freundin sitzt wieder bei mir am Küchentisch. In den letzten Tagen lag ein Hauch Erleichterung in der Luft, als die Therapien bei ihrem Vater positive Wirkung zeigten. Jedoch wurde nun jeder Besuch meiner Freundin bei ihren Eltern zu einem emotionalen Kraftakt. Ihr Vater ist zu einem übellaunigen Giftzwerg geworden. Die Mauern, die er um seine Gefühlswelt errichtet hat, machen es schwer, zu verstehen, was in ihm vorgeht. Seine Gereiztheit liegt ständig in der Luft und entlädt sich über die Familie beinahe stündlich.

Die Mutter, hauptsächlich das Ziel seiner verbalen Attacken, leidet sichtlich unter dieser belastenden Situation. Mit jedem Besuch wirkt die Mutter immer zermürbter. Meine Freundin spürt, dass ihre Mutter innerlich zu zerbrechen droht. Doch die schmerzhafteste Beobachtung geht über die körperliche Müdigkeit hinaus – es ist die tiefe seelische Verletzlichkeit ihrer Mutter, die ihr am meisten zu Herzen geht.

Wieder lausche ich den Worten meiner Freundin und starkes Mitgefühl durchströmt mein Inneres. Doch dieses Mal nagt kein schlechtes Gefühl an mir, dass ich zu wenig für sie tun könnte: Ich spüre eine stille Gewissheit, dass meine bloße Präsenz und einfühlsames Zuhören mehr bedeuten als irgendeine sofortige Handlung.

Mit den letzten drei Monaten war nicht nur viel Zeit vergangen, sondern etwas Wesentliches in mir hatte sich verändert.

Eine völlig andere Perspektive trat ins Licht: „Was ist das größte Geschenk, das man einem Menschen machen kann, dessen Gedanken und Emotionen ihn stark seelisch belasten?“ In meiner inneren Stille fand ich die Antwort: „Zuhören.“ Und genau das habe ich getan. Plötzlich wurde mir klar: „Ich kann nicht ihre Situation retten. Ich kann keine Zaubertricks vollführen oder Wunder bewirken." Aber ich kann zuhören – aufmerksam und mit Mitgefühl. Das ist das, was die andere Person in solchen Situationen braucht.

16 Familienfeiern – Wie ich durch zeitliche Begrenzung meinen inneren Zwiespalt meisterte

Gerade hatte ich die WhatsApp-Nachricht meines Vaters gelesen: Meine Großtante plante eine große Feier zu ihrem runden Geburtstag – und das in einem lebhaften Wirtshaus mitten in der Stadt! Die Nachricht forderte mich auf, bis kommenden Mittwoch zu entscheiden, ob ich bei diesem besonderen Anlass dabei sein würde.

In den nächsten Tagen befand ich mich in einem Zwiespalt. Einerseits mochte ich meine Großtante sehr und schätzte ihre lustige und warmherzige Art. Andererseits bereitete mir der Gedanke, ein volles Wirtshaus zu besuchen, Bauchschmerzen. Die Erinnerungen an frühere überfüllte Veranstaltungen und die damit verbundenen sensorischen Herausforderungen lebten in mir auf: das Klirren von Gläsern, das Drängen durch Menschenmengen, die vielfältigen Gerüche von Essen und die ständige Überflutung durch laute Gespräche, von denen man kaum etwas verstand, weil man gegen die omnipräsente Musik ankämpfen musste.

Ich war mir bewusst, dass diese Reize für viele Anwesende einfach Teil des Festtags waren. Mich jedoch überkam schon vor der Veranstaltung das erdrückende Gefühl, in einem Strudel von Reizen gefangen zu sein, dem ich einfach nicht entkommen würde. Die Sorge, dass meine hochsensible Natur durch die Veranstaltung überreizt werden könnte, kollidierte mit der Angst, meine Großtante durch eine mögliche Absage zu enttäuschen. Dieser innere Zwiespalt setzte mir umso mehr zu, je näher die Entscheidungsfrist rückte.

Acht Wochen später:

Ich küsse meine Großtante auf ihre Wange und sie schaut mich liebevoll an. Dann streichelt sie meinen Hund, der neben mir steht und ihr daraufhin ihre Hand ableckt. Mir ist es etwas unangenehm, besonders weil meine Großtante gerade beim Essen ist. Doch ihr scheint es zu gefallen. „Dein Hund ist so lieb", bemerkt sie mit einem warmen Lächeln. „Danke für die Einladung", sage ich, umarme sie und küsse sie ein zweites Mal auf ihre Wange.

Ein letzter Blick zu den anderen Gästen, eine kurze Verabschiedung und ich verlasse mit meinem Hund das Wirtshaus. Zwei Stunden lang war ich dort gewesen. Es war genauso, wie ich es mir ausgemalt hatte – eng, viele Geräusche – aber erträglich. Der Moment des Abschieds lässt eine Mischung aus Erleichterung und Dankbarkeit in mir aufkeimen. Die kurze Zeit dort, die lieben Gesten meiner Großtante und die freudige Atmosphäre haben diese Familienfeier zu einem erträglichen Erlebnis gemacht.

Es berührt mich, wie sehr meine Großtante sich über meine Anwesenheit freute und auch, dass sie meinen Hund mag.

Vor meiner Zusage hatte ich eine Entscheidung getroffen – eine Entscheidung, um die Situation für mich erträglicher zu machen: Ich wollte die Zeit begrenzen, die ich an der Familienfeier teilnahm.

Um 18 Uhr war ich erschienen und um 20 Uhr hatte ich das Wirtshaus bereits wieder verlassen. Das hatte ich im Voraus festgelegt – dadurch konnte ich mich im Vorhinein viel besser entspannen und so war es mir möglich, die begrenzte Zeit während der Feier zu genießen. Schließlich freute ich mich ja auch, neben meiner Großtante einige meiner anderen Verwandten zu sehen.

Ja, ich fühle mich jetzt reizüberflutet, aber nicht in dem Maße, dass ich das Gefühl habe, mich tagelang davon erholen zu müssen. Auf dem Weg nach Hause beschließe ich, mir ein warmes Bad einzulassen, um den Abend in Ruhe ausklingen zu lassen.

17 Mehr Leichtigkeit – Wie ich mich von meinem Perfektionsanspruch befreite

Ich saß mit meinem Laptop am Schreibtisch und arbeitete an einem Layout für ein Seminarskript. Mein Ziel war es, ein Skript zu erstellen, das nicht nur informativ, sondern auch berührend für meine Seminarteilnehmer war.

Meine gewöhnliche Corporate-Design-Schrift reichte mir nicht aus. Dieses Seminar sollte herausstechen, also begann ich, die Google-Schrifttypen zu durchsuchen. Die Schrift sollte nicht nur Worte, sondern auch Gefühle vermitteln. Ich recherchierte, welche Emotionen Menschen mit verschiedenen Schriften assoziieren. Oft stimmten diese Beschreibungen nicht mit meinen eigenen Empfindungen überein. Konnte ich meinem Gefühl vertrauen, oder spiegelten die Internetbeschreibungen deutlicher wider, wie die Schrift von anderen empfunden würde?

Nach intensiver Suche entschied ich mich für eine Schrift, die meinen persönlichen Vorstellungen entsprach und auch mit den Beschreibungen der Assoziationen anderer übereinstimmte. Eineinhalb Stunden waren mittlerweile vergangen. Mit der ausgewählten Schrift begann ich, die ersten Absätze in das Skript einzufügen. Jetzt galt es, die Zeilenabstände zu optimieren, um eine optimale Lesbarkeit zu gewährleisten. Doch wie viel Abstand war hier richtig? Zu enge Abstände könnten die emotionale Wirkung beeinträchtigen, aber zu weite Abstände ließen jede Zeile verloren wirken. Die Zeit verstrich im Detailtaumel.

Als ich endlich auf das fertige Skript blickte, war ich stolz auf das Ergebnis. Ja, ich war zufrieden, aber der Drang nach Perfektion hatte mich erschöpft. Der Blick auf die Uhr schockte mich – ganze dreieinhalb Stunden hatte ich allein am Design gearbeitet, während dringende Aufgaben auf meiner To-Do-Liste unerledigt blieben. Das schlechte Gewissen nagte an mir.

Sieben Monate später:

Ich stehe neben dem Ausgang des Drogeriemarktes – direkt vor dem Tisch mit Rollen voller Geschenkpapier und Geschenkbändern in verschiedenen Farben. Für den Geburtstag meiner Großtante habe ich liebevolle Kleinigkeiten besorgt: Tee, Körperlotion und besondere Schokoladen. Ich reiße von einer Rolle Papier ab, breite es auf dem Tisch aus und lege all meine Geschenke darauf. Nun schlage ich alles zusammen in das Papier ein und drapiere eine Schleife darum. Und es sieht... nicht ganz so toll aus. Aber anstatt mir Gedanken zu machen, denke ich mir: „Kommt von Herzen und das zählt. Meine Großtante wird sich zudem viel mehr über meine Anwesenheit freuen."

Zuhause setze ich mich an eine Präsentation für

meinen Masterstudiengang. Diese muss bis morgen fertig sein. Inhaltlich ist es gut, aber beim Design könnte ich bestimmt noch etwas herausholen. „Aber beeinflusst das dann wirklich meine Note?" Ich beschließe, die Präsentation so zu lassen, wie sie ist. Nun steht noch eine weitere Aufgabe an. Ich muss eine wichtige Mail beantworten. Hierfür lasse ich mir Zeit, denn bei dieser Mail kommt es wirklich auf fast jedes Wort an. Ansonsten könnte diese missverstanden werden und die Konsequenzen wären schlecht.

Nachdem ich mich in der Vergangenheit immer mehr in meinem Perfektionsanspruch verloren habe, bin ich durch Zufall auf eine Aussage eines bekannten Autors und Coaches gestoßen: „Übertriebener Perfektionsanspruch steht in keinem Verhältnis zur investierten Zeit und Energie. Der Unterschied im Ergebnis wird nur von einem Prozent der Menschen wahrgenommen."

„Nur ein Prozent aller Menschen nehmen meine Liebe zum Detail wahr?", dachte ich mir. „Dafür habe ich bisher meine Zeit und Energie geopfert?" Ich beschloss, etwas zu ändern.

Jedes Mal, wenn ich vor einer Aufgabe stehe, frage ich mich: „Was wären die schlimmsten Konsequenzen, wenn ich es nicht perfekt machen würde?" Falls diese sich nur in einem milden Ausmaß bewegen, lasse ich Fünfe gerade sein. Dies fühlt sich für mich sehr leicht und befreiend an.

18 Wenn alle Blicke auf mich gerichtet sind – Wie ich es schaffe bei mir zu bleiben

„Beginnen Sie bitte mit dem Anlassen des Motors", sagte der Fahrprüfer freundlich. Nach einem kurzen Zögern drehte ich den Zündschlüssel um und der Motor erwachte zum Leben. Meine Hände zitterten vor Aufregung. Neben mir saß mein Fahrlehrer, dessen Anspannung ich förmlich spüren konnte. Er schien nicht an einen Prüfungserfolg zu glauben und er schien jede meiner Bewegungen mit seinem strengen Blick zu verfolgen. Direkt hinter mir saß ein anderer Fahrschüler, der gerade die Prüfung bestanden hatte. Jetzt war ich an der Reihe. Der Fahrprüfer, der rechts neben dem erfolgreichen Fahrschüler saß, strahlte etwas Herzliches aus – ein erfrischender Kontrast zu meinem Fahrlehrer, der meine Fahrstunden zur Tortur gemacht hatte.

Ständig wurde mir vorgeworfen, Fehler zu machen, die angeblich noch nie ein Fahrschüler zuvor begangen hatte. Nach 40 Fahrstunden war ich erleichtert, keine weiteren qualvollen Fahrstunden mehr nehmen zu müssen. Dennoch nagten Zweifel an mir, als ich mich nun in der Prüfung befand. Die Vorstellung, wieder schweigend neben meinem Fahrlehrer zu sitzen, während er mir meine Fehler vorhielt, quälte mich.

Ich verließ den Parkplatz und fand mich auf einer ruhigen Straße mitten durch ein Gewerbegebiet wieder. Die intensiven Blicke in meinem Rücken und rechts neben mir schienen nicht nachzulassen. Eine Ampel vor mir wurde rot. Ich bremste abrupt und hoffte, dass der Fahrprüfer das nicht als Fehler verbuchte. Mein Fahrlehrer seufzte nur genervt. Das Verkehrszeichen wechselte auf Grün und ich gab Gas, doch meine Unsicherheit blieb.

Kurze Zeit später befanden wir uns mitten in der Innenstadt. Meine Anspannung stieg. Meine Hände, die das Lenkrad umklammerten, fühlten sich feucht und unbeholfen an. Der Verkehr, die vielen Ampeln und Menschen. Alles strömte in mich hinein und das ständige Gefühl von drei Augenpaaren, die mich beobachteten, verstärkte meine Nervosität. Meine Bewegungen wurden hektischer und ich zitterte am ganzen Körper.

Plötzlich ertönte die Stimme des Prüfers: „Biegen Sie links ab." Zu spät merkte ich, dass sich dort ein Fußgängerüberweg befand. Und fast wäre ich einem Fußgänger in die Beine gefahren, aber ich brachte das Auto noch rechtzeitig zum Stehen. Seltsamerweise sagte der Fahrprüfer nichts und da ich mich zu weit in dem Fußgängerweg befand, setzte ich das Auto wieder etwas zurück. Jedoch bemerkte ich beim Blick über meine Schulter, wie der Prüfer, jede meiner Bewegungen genauestens verfolgte.

16 Jahre später:

Mit jeder Bewegung spüre ich die Rhythmen der Musik durch meinen Körper pulsieren. Meine Bewegungen sind lebendig, die Musik wirkt befreiend und die Atmosphäre im Raum ist erfüllt von positiver Energie.

Um mich herum tanzen die anderen Teilnehmenden – eine bunte Mischung aus Menschen verschiedener Altersgruppen, deutlich weniger Männer als Frauen. Ich befinde mich in der ersten Reihe direkt vor dem Kursleiter. So kann ich nicht in der Masse der anderen Kursteilnehmenden untergehen. Man sieht mich direkt im großen Spiegel, der die gesamte Wand einnimmt und sich unmittelbar hinter dem Kursleiter befindet. Doch selten schaue ich in den Spiegel. Ich bin ganz auf mich selbst und meine eigenen Tanzbewegungen konzentriert, spüre meinen Körper sehr genau und nehme jede meiner Bewegungen bewusst wahr.

Der Kursleiter ruft „Drehung links“ und ich drehe mich nach rechts. Mit mir die halbe Gruppe. Ich weiß, viele der Teilnehmenden orientieren sich an meinen Bewegungen und übernehmen auch meine Fehler. Ich habe nicht das Gefühl, besonders gut in den Abläufen zu sein, aber ich stehe selbstbewusst hinter jeder meiner Bewegungen.

Eines habe ich über die Jahre gelernt: Hinter Handlungen zu stehen, insbesondere dann, wenn Menschen mich beobachten und die Gedanken darauf gerichtet sind, was alles schiefgehen könnte. Nun schaffe ich es, meine Gedanken auf das Wesentliche zu fokussieren, indem ich innerlich jede meiner Bewegungen kommentiere. „Ich bewege mein Bein nach rechts“, denke ich. Ergänzend füge ich hinzu: „Und ich stehe dahinter.“ Also: „Ich bewege mein Bein nach rechts und stehe dahinter.“ Das verleiht eine unglaubliche Selbstsicherheit, die durch andere wahrgenommen wird. Wie wir auf andere wirken, liegt nicht an der Perfektion dessen, was wir tun, sondern an unserer Einstellung dazu.

Das innere Kommentieren der Bewegungsabläufe hilft mir, meine Gedanken auf das, was ich mache, zu fokussieren und dann ist kein Raum mehr für die Sorgen darüber, was andere über mich denken könnten. Das schafft nämlich Unsicherheit, die man dann nach außen hin ausstrahlt. Kommentiere ich meine Handlungen innerlich und stehe gedanklich hinter diesen, strahle ich das Gegenteil aus: Die Leute spüren: „Der fühlt sich sicher.” Das hat mir im Alltag schon oft geholfen, wenn ich unter Beobachtung stand.

Im Zumbakurs haben die Menschen mich nun als Vorbild auserkoren und tanzen auch mal den einen oder anderen Fehler nach. Nach der Bewegung in die falsche Richtung müssen wir lachen. Die Stimmung ist leicht, locker und positiv. Ich fühle mich sehr wohl und erinnere mich an einen Satz, den der Fahrprüfer herzlich zu mir gesagt hatte, bevor er mir den Führschein ausstellte: „Es gibt wichtigere Prüfungen im Leben.“

19 Für meine Bedürfnisse einstehen – Wie mir Erdung Sicherheit gibt

In der drückenden Enge der Gemeinschaftsküche saß ich am Tisch mit dem Rücken zur Tür. Die Atmosphäre war geladen und ich hatte das Gefühl, in einem undurchdringlichen Nebel aus negativen Stimmungen gefangen zu sein. Zeitweise redeten alle durcheinander, jeder versuchte seine Meinung lautstark zu äußern. Jedoch schien es, als gäbe es nur zwei Meinungen: die Meinung der anderen, dass mit mir etwas nicht stimmte und mein eigener Standpunkt. Dieser war aber falsch – und zwar allein deshalb, weil ich damit alleine stand.

Einer meiner drei Mitbewohner behauptete, dass mein Gehör nicht in Ordnung sei und schlug vor, zum Arzt zu gehen. Die Leiterin des Wohnheimes äußerte sich dahingehend, dass ich offensichtlich zu geräuschempfindlich sei. Da diese auch nicht auf meiner Seite zu sein schien, hatte sich ein ungleicher Kampf entwickelt, in dem ich allein allen anderen gegenüberstand. Lediglich ihre Stellvertreterin, die das Gespräch organisiert hatte, schien Verständnis für meine Situation zu haben – hielt sich jedoch während des Wortgefechtes zurück.

Während jeder der anwesenden Studenten hartnäckig seine Meinung kundtat, wuchs die Unsicherheit in mir.

Ich fühlte mich der Mauer gegenüber hilflos, die sie gegen mich errichteten. Doch was sollte ich tun? Sollte ich mich zurücknehmen – einfach ertragen, dass es kaum eine Nacht gab, in der ich nicht mehrmals aus dem Schlaf gerissen wurde?

Die nächtlichen Versammlungen in der Küche störten meinen Schlaf und niemand schien sich darum zu kümmern, die Türen zu schließen. Jedes Geräusch, sei es das klirrende Geschirr oder wenn sich jemand einen spätnächtlichen Snack aus dem Kühlschrank holte, drang in mein Zimmer. Meine Selbstzweifel wuchsen, als ich mich fragte, ob sich die anderen rücksichtslos verhielten oder ob ich einfach überempfindlich war.

Mitten in der Diskussion am Tisch überkam mich ein starkes Gefühl der Ohnmacht. Hier saß ich, von allen Seiten mit Vorwürfen konfrontiert, als wäre meine Sinneswahrnehmung defekt. Der scheinbare Konsens der Gruppe war, dass mit mir etwas nicht stimmte, weil ich angeblich zu viel hörte.

12 Jahre später:

„Sie wussten von vornherein, dass Sie in ein Haus einziehen, in dem Hunde sind", sagt meine Nachbarin vorwurfsvoll. „Ja, natürlich", entgegne ich gelassen. „Das ist ja auch schön, wenn man selbst einen Hund hat. Meistens habe ich in Häusern gewohnt, wo es auch noch andere Hunde gab." Meine Nachbarin schaut mich irritiert an. Ich schaue entspannt zurück. „Na ja,

Hunde bellen nun mal“, gibt die Nachbarin von sich. „Hm“, erwiderte ich, „die Hunde in den Häusern, wo ich bisher gewohnt habe, haben auch mal gebellt. Nur nicht dauernd – von daher war es auszuhalten.“ „Meine Hunde sind ganz normal“, schaltet sich nun mein Nachbar ein. „Es ist normal, dass sie anschlagen, wenn jemand am Haus vorbeiläuft.“ „Mag sein“, entgegne ich ruhig. „Aber das kann man ihnen abgewöhnen. Dafür muss man sich nur Zeit nehmen. Das ist etwas mühselig, aber es funktioniert.“ Ich erkläre, dass es einfach störend ist, wenn die Hunde etwa alle 20 Minuten bellen und jedes Mal anschlagen, wenn Kinder draußen spielen. Mein Vermieter schaltet sich ein und fragt mit Blick auf meinen Nachbar gerichtet: „Können Sie nicht einfach das Fenster zur Straße schließen? Sie haben ja noch die Möglichkeit, das Fenster zum Garten hin geöffnet zu lassen.“ Mein Nachbar nickt widerwillig. Während des Gesprächs spüre ich die Spannung in meinen Füßen. Der Rest meines Körpers bleibt locker.

Ich wende eine Technik an, die ich während des Körpertrainings an meiner Schauspielschule kennengelernt habe. Diese heißt: „Sich verwurzeln“. Zum Üben schließt man die Augen und stellt sich vor, dass Wurzeln aus den Füßen in den Boden wachsen. Das gibt Halt. Übt man das immer wieder in entspannten Situationen, zum Beispiel zuhause beim Zähneputzen, schafft man es irgendwann auch, sich in schwierigen Situationen zu verwurzeln – insbesondere dann, wenn wir Hochsensiblen für uns einstehen müssen. Schnell fühlen wir uns von den Forderungen anderer überwältigt und unsere Bedürfnisse kommen zu kurz. Das Verwurzeln hilft, ganz bei sich und durch den Bodenkontakt selbstsicher zu bleiben. Ohne den bewussten Bodenkontakt spannen viele den Rest des Körpers an – insbesondere die Schultern. Lenken wir die Spannung durch das Verwurzeln auf die Füße um, kann der Rest des Körpers – insbesondere die Schultern – locker bleiben. Somit können wir nicht nur selbstsicher, sondern auch entspannt reagieren. Mein Vermieter ist übrigens ebenfalls sehr entspannt mit dieser Situation umgegangen und hat versucht, die Bedürfnisse aller zu berücksichtigen. Mir hat er eine Schallschutztür eingebaut.

20 Zu sensibel – Warum ich mich als Hochsensibler dennoch stark fühle

„Nun leg dich doch auf das Pult", sagte meine Lehrerin nun etwas sanfter. „Das wird nicht schlimm." Aber ich weigerte mich. Ich hatte große Angst. „Wer möchte denn stattdessen an Svens Stelle?" Es meldete sich ein anderer Junge aus meiner Klasse. Dieser legte sich grinsend auf das Pult. Meine Lehrerin nahm einen Stock in die Hand und deutete Schläge an, die begeistert im Chor von der gesamten Klasse gezählt wurden. Danach ging mein Mitschüler wieder selbstbewusst an seinen Platz. Jetzt bereute ich es etwas, mich nicht selbst auf das Pult gelegt zu haben. Es war ja wirklich nichts passiert. Und wieder galt ich als zu ängstlich. Wie vor einer Woche, als ich mich beim Schwimmunterricht nicht getraut hatte, vom Drei-Meter-Turm zu springen. „Natürlich hätte ich dich nicht wirklich geschlagen", sagte meine Lehrerin nett zu mir. Wir waren in der vierten Klasse und lernten gerade, wie es früher in der Schule zuging. Heute hatte sich unsere Klassenlehrerin etwas Besonderes einfallen lassen. Sie unterrichtete eine Schulstunde wie damals – vor vielen Jahren, lange bevor ich auf der Welt war.

Als Kind war ich sehr sensibel. Die anderen, besonders Jungen in meinem Alter, waren viel mutiger als ich – aber auch sehr rau. Deshalb spielte ich nicht mit ihnen. Nur einzelne Jungen, die ebenfalls meist zurückhaltender waren, traf ich manchmal nach der Schule. Ich galt als empfindlich – in meiner Familie wurde das als „kompliziert” bezeichnet. Bekam ich eine schlechte Note, weinte ich meist und wenn ein anderes Kind etwas Böses zu mir sagte, fühlte ich mich schwer getroffen. Aber nie hätte ich etwas genauso Böses erwidern können. Nicht weil mir nichts einfiel – sondern weil ich Angst hatte, das andere Kind ebenfalls so hart zu treffen. Das hätte mir dann leidgetan.

Als Jugendlicher spürte ich noch mehr, dass ich anders war als die anderen in meinem Alter: Vor allem besaß ich nicht so ein „dickes Fell“. Das hätte ich auch gerne gehabt. Traurige Szenen in Filmen berührten mich emotional sehr stark und Tränen liefen mir über die Wangen. Als wir in der Schule den Film „Schindlers Liste” sahen, schlief ich die drei darauffolgenden Nächte sehr unruhig. Ich hatte Alpträume und immer wieder wachte ich nachts auf und dachte an die schrecklichen Szenen im Film.

Nach meiner Schulzeit begann ich langsam, mich an „starken” Persönlichkeiten zu orientieren – Charaktere, die ich im Fernsehen sah. Ich wollte gerne so sein wie sie und fing an, mich mit ihnen zu identifizieren. Der Wunsch, jemand anderes zu sein, wurde größer und größer. Schließlich entschied ich mich, auf die

Schauspielschule zu gehen und bekam … die sensiblen Rollen zugeteilt.

11 Jahre später:

Ich sitze auf dem Bühnenrand. Kinder umringen mich. Ein kleines Mädchen reicht mir ein Bild, das sie für mich gemalt hat. Ich nehme es dankend entgegen. Das meiste, was mir die Kinder mitteilen, verstehe ich nicht. Aber das ist egal. Es ist etwas anderes als die Sprache, das uns verbindet. Die Kinder um mich herum sind gehörlos; sie sprechen in Gebärdensprache mit mir. Vor gut 10 Minuten stand ich noch auf der Bühne und habe den kleinen Prinzen gespielt – ebenfalls in Gebärdensprache. Diese beherrsche ich nicht. Ich kann nur den Text im Stück. – Dieser wurde mir im Einzelunterricht beigebracht. In dem Buch „Der kleine Prinz" gibt es einen Satz: „Man sieht nur mit dem Herzen gut." Diese Worte kamen auch im Theaterstück vor. Und ich glaube, das ist etwas, was wir Hochsensiblen besonders gut können: Mit dem Herzen sehen. Wir nehmen die Stimmungen anderer sehr schnell wahr, besitzen meist eine stark ausgeprägte Empathie. Wir haben oft einen starken Gerechtigkeitssinn, streben nach Harmonie und merken meist sehr schnell, ob jemand wahrhaftig ist und ehrlich mit uns umgeht. Ich erinnere mich an ein Telefonat mit einem guten Freund, den ich noch aus meiner Zeit an der Schauspielschule kannte. Er fragte mich, ob wir uns einen schönen Abend machen wollen. Wir könnten gemeinsam Filme gucken, bis in die Nacht hinein und dann würde er bei mir schlafen. Ich entgegnete ihm ganz ruhig und liebevoll: „Sei bitte ehrlich zu mir. Du hattest wieder Streit mit deinem Vater und er hat dich rausgeworfen." Er war überrascht, dass ich das nach einer Minute Telefonat gespürt hatte – und natürlich durfte er bei mir schlafen.

Das alles sind Stärken – keine Schwächen. Dessen bin ich mir mittlerweile bewusst und ich komme auch nicht mehr auf die Idee, jemand anderes sein zu wollen. Natürlich ist es als Hochsensibler oft herausfordernd im Leben. Aber möchte ich wirklich diese Stärken opfern und im Anschluss „grober" durch die Welt schreiten? Nein! Definitiv nicht. Das mache ich mir immer wieder bewusst und es ist zu meinem positiven Mindset geworden.

In der Rolle des kleinen Prinzen habe ich es geschafft, die Herzen der Kinder zu berühren. Und dies ist mir nicht durch die Gebärdensprache gelungen. Ein gehörloser Schauspieler hätte viel professioneller gebärdet. Es war meine feinfühlige Wahrnehmung, mit der ich es schaffte, eine Verbindung zu den Zuschauenden – insbesondere den Kindern – aufzubauen.

Während mir ein Mädchen stolz eine Gebärde zeigt, die sie im Theaterstück aufgeschnappt hat, bemerke ich einen kleinen Jungen, der abseits von mir und der Kindergruppe steht. Ich nehme wahr, wie er alles mit seinen Augen genau verfolgt. Gerne hätte ich ihn zu mir und den anderen Kindern an den Bühnenrand geholt. Aber es fühlt sich falsch an. Ich winke dem Jungen zu. Er winkt nicht zurück, schaut mich nur weiterhin beobachtend an. Der Junge erinnert mich an meine Zeit – damals in der Grundschule.

21 Von Termin zu Termin – Wie ich Übergänge sanft meistere

„Ich soll euch ausrichten, dass wir uns in 20 Minuten draußen vorm Eingang treffen", sagte unsere Regieassistentin, als sie ihren Kopf in die Garderobe steckte. Ich saß vor dem langen Spiegel und versuchte mit einem Gesichtsreinigungstuch die hartnäckige Theaterschminke von meinem Gesicht zu entfernen – ein Kampf, den ich jedes Mal aufs Neue ausfechten musste. Die Theaterschminke schien sich jedes Mal in jeder Pore meines Gesichtes festgesetzt zu haben und ließ sich erst nach mehreren Anläufen und unter Anwendung einer Vielzahl von Reinigungstüchern entfernen – fast. Ein Blick auf mein Kopfkissen am nächsten Morgen offenbarte mir jedes Mal, dass ich es mir nie ganz gelungen war, den Kampf gegen die unnachgiebige Schminke zu gewinnen.

Genauso wenig, wie ich es mir gelang die Schminke komplett aus meinem Gesicht zu entfernen, schaffte ich es nie, mich von den vorherigen Ereignissen innerlich zu lösen: Noch vor wenigen Augenblicken hatte ich noch auf der Bühne gestanden und das Stück „Der kleine Prinz" in Gebärdensprache gespielt. Nach Ende des Stückes, wurde ich von gehörlosen Kindern umringt und versuchte, so gut ich konnte, mich mit ihnen zu verständigen.

Und jetzt saß ich in der Garderobe, neben mir ein Kollege, der ebenfalls damit beschäftigt war, sich abzuschminken. Das hektische Treiben um uns herum entfaltete sich wie ein Wirbelsturm. Kostüme wurden ausgezogen und weggeräumt. Meist stand man sich gegenseitig im Weg. Inmitten dieses Chaos versuchte ich die Ereignisse der Theatervorstellung und den Kontakt mit den Kindern zu verarbeiten, während ich mein eigenes Kostüm ablegte und mich abschminkte. Doch ich fand nicht die Ruhe, die ich dafür gebraucht hätte.

Jetzt drängte auch noch die Zeit, denn gleich würden wir uns alle gemeinsam draußen treffen und in einem Restaurant in der Nähe zu Mittag essen.

Drei Jahre später:

Ich verlasse das Theater, das sich in einem beliebten Kölner Stadtteil befindet und mache mich auf den Weg zu einem nahegelegenen Park. Die Vormittagsvorstellung ist nun vorbei und ich nehme mir bewusst 20 Minuten Zeit für mich. Dann treffe ich mich mit meiner besten Freundin in einem Café, um ein spätes Frühstück zu genießen – vor Aufführungen bin ich zu aufgeregt, um zu essen. Meine Freundin ist gerade zu Besuch in ihrer Heimatstadt. Sie lebt inzwischen mit ihrem Mann in Kanada, wo inzwischen ihre kleine Tochter geboren wurde. Da wir beide oft zeitlich sehr eingebunden sind und es aufgrund der Zeitverschiebung nur selten die Möglichkeit gibt, uns miteinander auszutauschen, haben wir viel Gesprächsbedarf. Ich nutze die Zeit im Park, um die Vorstellung zu verarbeiten und mich gleichzeitig innerlich auf das Wiedersehen mit meiner Freundin einzustellen. Diese Zeit habe ich bewusst eingeplant, sodass es mir deutlich einfacher fällt, die Theatervorstellung zu verarbeiten und mich auf das Treffen mit meiner Freundin einzulassen.

Mittlerweile trage ich Übergangszeiten genauso fest in meinem Kalender ein wie Termine. Dadurch gebe ich diesen Zeiten des Übergangs einen hohen Stellenwert. Diese Zeit hilft mir, vorhergehende Ereignisse emotional und gedanklich abzuschließen und mich auf folgende Ereignisse besser einzulassen. Ich habe gemerkt, dass ich dadurch viel besser im Hier und Jetzt sein kann.

22 Nein sagen – Wie ich mich schützend vor mein inneres Kind stelle

In einer bekannten und stark frequentierten Coffeeshop-Filiale fand ich meinen Nebenjob. Neben meinem intensiven Studium befand ich mich jeden Samstag inmitten zahlreicher Gäste, die eine der zahlreichen Kaffeespezialitäten und gelegentlich einen Snack zu sich nahmen.

Die Coffeeshop-Filiale war ein pulsierender Knotenpunkt, eingebettet in das geschäftige Treiben eines Einkaufszentrums.

Nach meiner Arbeit war ich völlig erschöpft. Jedoch konnte ich sonntags meine Energiereserven etwas auffüllen, bevor ich mich dann unter der Woche wieder meinem Studium widmete.

Das Blatt wendete sich schlagartig, als unerwartet mehrere Mitarbeitende ausfielen. Meine Chefin setzte mich emotional unter Druck: „Bitte lass mich nicht im Stich!" Drei zusätzliche halbe Arbeitstage wurden mir unter der Woche aufgebrummt, die ich nun neben meinen Vorlesungen bewältigte. Was als kurzfristiges Einspringen begann, wurde zu einem Dauerzustand, da meine Chefin anscheinend keinen Ersatz fand.

Nach und nach kroch die Erschöpfung in meine Knochen. Meine Müdigkeit und Überforderung gipfelten in Fehlern bei der Arbeit. Ich brachte Bestellungen durcheinander und es dauerte nicht lange, bis meine Chefin dies bemerkte. „Du musst dich besser konzentrieren“, donnerte sie mir entgegen. Ich kämpfte tapfer weiter, versuchte die Balance zwischen Studium und Job zu halten, bis ich schließlich auf allen Vieren kroch. Erschöpft und am Rande des Zusammenbruchs wandte ich mich endlich an meine Chefin: „Ich kann nicht mehr”, gestand ich ihr.

Plötzlich, nach all der Zeit des vergeblichen Suchens, fand meine Chefin auf magische Weise neue Mitarbeiter.

Zehn Jahre später:

Ich sitze mit der Personalleiterin eines renommierten Unternehmens zusammen. Sie möchte mich für firmeninterne Gruppen-Seminare gewinnen. Die Vorteile liegen auf der Hand: Durch diese Tätigkeit würde ich zweifelsfrei meine Expertise als Coach ausbauen. Zudem könnte mir diese Firma, mit ihrem exzellenten Ruf, eine erstklassige Referenz bescheren und das großzügige Honorar lockt zusätzlich. Während des persönlichen Gesprächs mit der sehr netten Personalerin überwältigen mich die Potenziale dieser Zusammenarbeit und ich spüre, wie ich bereits mental in die Aufgabe eintauche. Trotz meines Wissens darüber, dass meine Kapazitäten bereits bis zum Limit ausgereizt sind, lasse ich mich von meiner Begeisterung mitreißen und sage der Dame mündlich zu.

In den nächsten Tagen, während ich zwischen meinen zahlreichen Coachings und Verpflichtungen hin und her eile, wird mir die Tragweite meiner mündlichen Zusage bewusst: Die Vorstellung, meine Expertise in Gruppen-Seminaren zu erweitern und erstklassige Referenz zu erhalten, lässt mein Herz höherschlagen. Jedoch spüre ich deutlich die Last meiner bereits bestehenden Verpflichtungen, die mich schon jetzt an meine Grenzen bringen.

Kann ich diese neue Verpflichtung wirklich stemmen, ohne mein eigenes Wohlbefinden zu vernachlässigen? Die Frage, ob ich die Zusage rückgängig machen kann, schleicht sich in meine Gedanken – schließlich habe ich mündlich zugesagt.

Ich spüre in mich hinein: Wie würde es dem kleinen, hochsensiblen Sven mit so viel Arbeit gehen?

In den letzten Jahren habe ich mich viel mit meinem inneren Kind befasst. Der kleine Sven steht für dieses innere Kind in mir.

Es ist meine Aufgabe, mich schützend vor mein inneres Kind zu stellen und zu sagen: „Jetzt ist Schluss. Bis hierhin und nicht weiter." Somit stelle ich mich schützend vor das Kind. Und das ist für mich oft leichter als für mein erwachsenes Selbst einzustehen.

Ich schreibe der Personalerin eine höfliche E-Mail und sage ab.

23 Wenn mich die Gefühle anderer überwältigen - Wie ich es schaffe bei mir zu bleiben

„Das können sie uns doch nicht antun!", schrie meine Klassenlehrerin, als sie das Klassenzimmer betrat. Ohne unsere Kunstlehrerin anzuschauen, ging sie zu den Fenstern und ließ nach und nach die Rollläden herunter. „Ich mag es nicht, dass die Rollläden unten sind, wenn draußen die Sonne scheint", sagte unsere Kunstlehrerin ebenfalls etwas lauter. Aber gegen die ältere Lehrerin konnte sie nichts machen. Meine Klassenlehrerin war sehr streng und alle Kinder in der Schule hatten Angst vor ihr – außer den Kindern in meiner Klasse, denn wir kannten sie ja besser und da war sie auch oft nett zu uns. Selbst als ich mich vor der Klasse nicht verhauen lassen wollte, als wir „Schule früher" spielten, war sie lieb zu mir und ein anderes Kind durfte sich für mich aufs Pult legen.

Es war Sommer und draußen war es sehr heiß. Unsere Klassenlehrerin ließ dann immer morgens die Rollläden herunter. Heute war der Kunstunterricht mal in unserer Klasse, weil der Schlüssel vom Kunstraum weg war. Unsere Kunstlehrerin sagte, zum Malen bräuchten wir viel Licht und zog alle Rollläden nach oben. Als dann die Stunde vorbei war, kam unsere Klassenlehrerin rein und war ganz böse, als sie sah, dass die Sonne reinknallte.

Eigentlich war ich auf der Seite meiner Klassenlehrerin, denn es war wirklich sehr heiß. Aber ich schämte mich in diesem Moment, als sie unsere Kunstlehrerin anschrie. Heute weiß ich, dass es nicht mein Schamgefühl war, das ich gespürt hatte, sondern das meiner Kunstlehrerin. Ich spürte, dass sie sich unwohl fühlte, so vor allen bloßgestellt zu werden.

Solche Situationen begleiteten mich durch mein ganzes Leben. Wo immer es Spannungen gab, spürte ich die Anspannung aller Beteiligten, selbst wenn ich nicht direkt involviert war. Ging ich mit jemandem essen und erlebte, wie die Bedienung grob oder unfreundlich behandelt wurde, war mir das immer sehr unangenehm. Ich fühlte mich ebenfalls dieser Situation ausgeliefert.

Besonders erinnere ich mich an eine Situation vor sieben Jahren, als meine beste Freundin heiratete. Es waren viele Gäste geladen, darunter zwei ihrer Freundinnen, die früher mal miteinander befreundet waren. Doch zwischen ihnen herrschte nun ein großer Konflikt. Während der Hochzeit sprachen sie kein Wort miteinander. Ich hatte das Gefühl, mitten in diesem Konflikt zu stehen, obwohl ich nichts damit zu tun hatte.

Sieben Jahre später:

Ich sitze mit einem Freund in einem Restaurant und wir bestellen indisches Essen. Spontan entscheide ich mich für ein Gericht. Mein Freund wirkt sehr angespannt. Er ist selbstständig und heute wurde ein Gerichtsurteil gefällt, das sich nachteilig auf seinen Berufsstand auswirkt und große finanzielle Einbußen zur Folge hat. Während er mir alles erzählt, höre ich ihm entspannt zu. Die Bedienung kommt an unseren Tisch. Ich empfinde, dass er ein wenig ruppig mit ihr umgeht. Sofort verspüre ich den Drang, die Situation retten zu müssen, entschließe mich aber zu folgender Übung:

Ich spüre in mich hinein und atme bewusst ein und aus. Die Atmung, das weiß ich als Schauspieler und aus verschiedenen Meditationen, führt einen immer zu sich selbst, auch emotional: Wenn ich bewusst atme, bin ich ganz bei mir. Sobald ich das Gefühl habe, bei mir zu sein, stelle ich mir innerlich folgende Frage: „Ist das meine Emotion oder nehme ich nur die Emotion der anderen Person wahr?" In diesem Moment spüre ich instinktiv ganz genau, was zu mir gehört und was nicht. Das wiederhole ich immer wieder zwischendurch – insbesondere dann, wenn mich die Emotionen anderer überwältigen.

Es gelingt mir, meinem Freund mitfühlend zuzuhören, ohne in Mitleid zu verfallen. Mitgefühl hat immer etwas mit Distanz zu tun – ist Anteilnahme, ohne in den Problemen des anderen mit „zu versinken". Mitleid führt dazu, dass ich ebenfalls in der Emotion der anderen Person gefangen bin. Ich beschließe auch, das Verhältnis zwischen meinem Freund und der Bedienung so zu lassen, wie es ist. Das klären beide bitte untereinander.

Als ich zuhause bin, erhalte ich eine WhatsApp-Nachricht: „Danke für das Treffen. Es hat mir sehr gutgetan." Ich antworte: „Ich danke dir." Tatsächlich hat mir der Abend auch gutgetan und ich fühle mich nicht ausgelaugt.

24 Wie mich regelmäßiger Rückzug vor Überwältigung bewahrt

In mir brodelte es. Ich spürte meine Wut aufsteigen. Und dann... konnte ich nicht mehr. Es fühlte sich an wie ein Gewitter, das sich über mehrere Stunden hinweg zusammengebraut hat und nun mit aller Gewalt ausbricht. Ich erinnere mich kaum daran, was ich gesagt habe, aber meine Reaktion war auch für mich selbst überwältigend. Schließlich brach ich zusammen und Tränen flossen mir übers Gesicht.

Das gesamte Wochenende über hatten wir geprobt. Es war das dritte Semester und wir standen kurz vor unserer Zwischenprüfung. Wir sollten ein eigenes Programm zu einem vorgegebenen Thema der Schauspielschule entwickeln. Es bestand aus verschiedenen Theaterszenen, die wir selbstständig ohne Hilfe seitens der Schauspiellehrenden einstudierten. Dieses Programm würden wir vor der gesamten Schule, einschließlich des Lehrpersonals und Studierenden, aufführen. Deshalb beschlossen wir, aufs Land zu fahren. Dort gab es einen umgebauten Bauernhof, in dem man Räume anmieten konnte und den schon viele Studierende vor uns zu diesem Zweck genutzt hatten. Von früh bis spät waren wir zusammen. Wir aßen gemeinsam und probten den ganzen Tag.

Selbst das Schlafzimmer hatte ich nicht für mich allein. Drei Mitstudierende schliefen mit mir im Raum und selbst die Matratze musste ich mit jemandem teilen.

Kurz vor der Rückfahrt war ich am Ende meiner Kräfte. Wir hatten ein großartiges Programm entwickelt und nun wollte ein Mitschüler auch noch die Applausordnung proben. Doch dazu war ich nicht mehr bereit. Die Applausordnung war sicherlich nicht das, was von der Schauspielschule bewertet würde. Ich war außer mir vor Wut.

Ich erlebte solche Situationen immer und immer wieder: sei es im Urlaub mit meiner Familie, wenn ich meinen Familienmitgliedern nicht aus dem Weg gehen konnte, oder als ich mit zwei Freundinnen eine Fernreise unternahm. Wir teilten uns über drei Wochen hinweg ein Zimmer. Irgendwann erreichte ich stets den Punkt, an dem mir alles zu viel wurde. Es endete stets in einem kompletten Desaster, was ich im Anschluss daran meistens bereute. Über Jahre hinweg suchte ich nach dem Grund für „mein" Problem: Liegt die Ursache in meiner Kindheit? Da galt ich ja schon als empfindlich.

Es dauerte viele, viele Jahre bis ich schließlich dahinter kam.

Viele, viele Jahre später:

Die Aufregung ist groß. Wir haben einen Theaterauftritt in Berlin. Eine große und renommierte

Bühne zeigt Interesse an unserem Theaterstück. Es ist bereits das dritte Mal, dass wir dorthin reisen. Uns wird ein kleines Haus auf dem Gelände zur Verfügung gestellt. Dort frühstücken wir gemeinsam und mehrere Personen teilen sich je ein Schlafzimmer. Die Zeit in Berlin ist kurz, aber auch sehr intensiv: Die gemeinsame Zugfahrt, die gemeinsamen Proben, das gemeinsame Essen... die gesamte Zeit verbringen wir als Ensemble zusammen.

Auch wenn ich gerne mit diesen Menschen zusammen bin, weiß ich, dass mir diese intensive Nähe manchmal zu viel werden kann. Ich benötige meinen Rückzugsort, um mich von den vielen Eindrücken zu erholen. Als hochsensibler Mensch nehme ich jede Kleinigkeit wahr, jede noch so kleine Nuance, die in der Luft liegt.

Inzwischen habe ich gelernt, dass meine emotionalen Ausbrüche ein Zeichen dafür waren, dass ich überfordert war. Ich konnte nichts mehr aufnehmen, fühlte mich überwältigt von den Reizen um mich herum. Doch mittlerweile weiß ich, damit umzugehen. Wenn es mir zu viel wird, ziehe ich mich zurück, sammle mich und finde wieder zu mir selbst.

Das Theater in Berlin ist groß. Auch das Gelände auf ringsherum ist riesig. Ich gehe spazieren, sammle mich. Wenn ich wieder zurück bin, konzentriere ich mich zu 100 Prozent auf meine Tätigkeit oder genieße einfach die freie Zeit mit den Menschen, die ich mag.

25 Wie ich mich von Energievampiren befreie

Es klang nach einer vermeintlich einfachen Gelegenheit, mir etwas dazuzuverdienen. Ich hatte gerade mein Abitur bestanden und wir hatten Sommerferien. Eine benachbarte Gemeinde plante, eine Befragung aller ihrer Haushalte durchzuführen. Nach einer kurzen Schulung befand ich mich schließlich in dem mir zugeteilten Bezirk. Bewaffnet mit den Fragebögen machte ich mich auf den Weg von Tür zu Tür, um die Befragung durchzuführen.

Die Reaktionen der Menschen waren so vielfältig wie ihre Haustüren. Einige öffneten herzlich, willens, ihre Meinung zu teilen und an der Umfrage teilzunehmen. Andere wiederum schienen genervt oder misstrauisch, als wäre ich ein ungebetener Gast in ihrer Privatsphäre. Manchmal wurde mir die Tür vor der Nase zugeschlagen, bevor ich nur ein Wort sagen konnte. Doch es gab auch andere Momente, in denen ich mich in lebhaften Gesprächen wiederfand, bei denen die Bewohner ihre Gedanken und Anliegen ausführlich schilderten. Manchmal zu ausführlich: Die Zeit drängte und ich hatte noch etliche Befragungen durchzuführen.

Jedes Mal, wenn ich vor einer Tür stand, empfand ich es als eine starke Herausforderung, die Spannung auszuhalten, was mich hinter der Tür erwarten würde.

Immer wieder sehnte ich mir das Ende des Arbeitstages herbei.

Ich läutete an einer weiteren Haustüre. Gerade als ich mich umdrehen wollte, öffnete sich ein Fenster im ersten Stock. Eine Frau mittleren Alters rief: „Moment!" Ein lautes Gepolter im Treppenhaus ließ mich aufhorchen. Schließlich öffnete sich die Tür langsam und eine skeptische Dame mit einem durchdringenden Blick stand vor mir.

„Was wollen Sie hier?" fragte sie mit einer Stimme, die vor Misstrauen strotzte. Ich versuchte höflich zu erklären, dass ich im Auftrag der Gemeinde eine Befragung durchführte. Doch die Frau schien bereits in einem negativen Modus gefangen zu sein. Lautstark beklagte sie sich über die Stadt, die Sommerhitze und betonte, dass sie keine Zeit für solche Umfragen hätte.

Jeder Versuch, mich höflich zu verabschieden, wurde durch einen endlosen Strom persönlicher Geschichten und Beschwerden über die Stadt, die Menschen und die Welt im Allgemeinen ignoriert. Ich spürte, wie meine Zeit dahinschwand. Die Zeit drängte: Ich hatte noch einige Befragungen durchzuführen.

Aber ich fand keinen Ausweg: Ich schaffte es nicht, mich loszureißen. Ich war wie in einem Sog gefangen, unfähig, mich zu befreien – gefangen in einer ungewollten Unterhaltung.

12 Jahre später:

„Na, schau dich doch mal um! Überall nur Probleme... Jeder denkt nur an sich... Meine Freundin bekommt auch nichts auf die Reihe... Jedes Mal muss ich sie daran erinnern... Aber letztes Mal ‚hab' ich ihr gesagt... und dann war ich fünf Minuten zu spät und dann regt die sich auf... aber beim nächsten Mal..."

„Das ist keine schöne Situation", entgegne ich freundlich. „Ich hole mir jetzt was zu trinken." Während mein Gesprächspartner gezwungen lächelt und anschließend an seinem Bier nippt, stehe ich vom Sofa auf und mache mich auf den Weg Richtung Badezimmer. Dort liegen in der Badewanne die gekühlten Getränke. Ich greife nach einem Bier. Vor dem Badezimmer steht eine Gruppe von Menschen. Zwei davon kenne ich. Ich stelle mich hinzu, stoße mit allen an und klinke mich in das Gespräch ein.

Eben saß ich noch mit diesem Mann – ich schätze Anfang bis Mitte dreißig – auf dem Sofa und hörte mir seine Sorgen und Probleme an. Ich war eigentlich auf diese Feier gegangen, um mich von meinem Trennungsschmerz abzulenken – eine langjährige Beziehung war gerade zu Ende gegangen. Der Schmerz war noch sehr frisch. Ich wollte mich aber nicht zu Hause vergraben und da kam mir die Einladung zu dieser Silvesterfeier ganz recht. Als ich dann mit dem anderen Mann auf dem Sofa saß, hatte ich das Gefühl, als emotionaler Abfalleimer herhalten zu müssen. Alles, was dieser Mensch erzählte, war negativ. Als ich dann spürte, wie sich meine ohnehin angekratzte Stimmung noch weiter hinuntergezogen wurde, machte ich innerlich einen Cut.

Genauso wie man das auch beim Filmschnitt macht. Filmaufnahmen werden geschnitten bzw. gecuttet und neu zusammengefügt. Dadurch erhält der Film, je nach Wunsch des Regisseurs, eine andere Richtung. Teilweise werden sogar für ein und denselben Film unterschiedliche Enden gedreht und der Regisseur entscheidet später, welches dieser Enden er im Film haben möchte.

Ich habe gelernt, dass ich meinen Alltag gut durchs Cutten beeinflussen kann:

Wenn mir jemand seine negative Stimmung auflädt, sage ich mir innerlich „Cut“. Dann füge ich in meiner Fantasie einen „Filmschnipsel“ hinzu, der die erlebte Szene positiv verändert. Dann treffe ich die bewusste Entscheidung dies in die Realität umzusetzen: Ich wechsle das Thema, beende die Situation freundlich… Heute habe ich mir etwas zu trinken geholt und somit das Gespräch mit dem Mann auf dem Sofa aufgelöst.

Ich blicke kurz in Richtung Wohnzimmer und sehe den Mann immer noch auf dem Sofa sitzen. Inzwischen hat sich eine Frau zu ihm gesellt. Ich nehme an, es ist seine Freundin, über die er vorhin geschimpft hat. Beide starren sich verbissen an.

26 Schuldgefühle – Wie ich die Last des schlechten Gewissens hinter mir ließ

„Wann bist du da?” Die Worte drangen vorwurfsvoll an mein Ohr und ein unangenehmes Gefühl breitete sich in meiner Brust aus. Eigentlich wäre ich gerne noch geblieben, aber ich erlaubte mir nicht, das zu sagen. „Ich mache mich gleich auf den Weg.” Während ich diese Worte aussprach, hatte ich das Gefühl, mein Kehlkopf würde sich zusammenziehen. Es waren Worte, die ich sagen musste, aber nicht sagen wollte.

„Das hast du eben schon gesagt”, kam die schroffe Antwort. Seufzend verabschiedete ich mich von den anderen und machte mich auf den Weg zur Bahn. „Warum bin ich nicht früher losgegangen?“ Die Theaterprobe war längst vorbei, doch wir haben uns danach noch angeregt unterhalten. Es war einer dieser Momente, wo man ins Gespräch kommt und sich durch die Tiefe des Gesprächs einander sehr nah fühlt.

„Brauchst du noch lange?”, hatte die Stimme am anderen Ende gefragt und ich hatte versichert, bald loszufahren. Doch dann fühlte ich mich wieder in das Gespräch hineingezogen. Die Unterhaltung zog mich erneut in ihren Bann, während die Zeit unbemerkt verstrich. Als der zweite Anruf kam, übermannte mich ein Gefühl des Bedauerns. Wie konnte ich es nur zulassen, mich von anderen ablenken zu lassen, wenn doch jemand zuhause auf mich wartete?

Es war immer das gleiche Muster, das sich wie ein unsichtbares Band durch meine Beziehungen zog. Sobald ich Freiraum suchte, wurde von mir erwartet, da zu sein. Wenn ich nach Ruhe verlangte, sollte ich doch lieber mit auf eine Veranstaltung gehen oder Freunde besuchen. Das schlechte Gewissen nagte an mir, als hätte es eine eigene Stimme. Immer hatte ich das Gefühl, es wäre meine Pflicht, meine eigenen Bedürfnisse zurückzustellen. Selbst der Gedanke daran, mich zurückzuziehen, wenn jemand meine Nähe suchte, löste ein starkes Unbehagen in mir aus – aus Angst, egoistisch zu wirken.

Einige Beziehungen später:

„Ich wünsche dir viel Spaß auf dem Konzert." Wir küssen uns liebevoll auf dem Mund. Sobald ich alleine bin, setze ich mich aufs Sofa und lege meine Beine hoch. Eine Tasse Tee steht bereits auf dem Tisch neben mir. Daneben liegt ein Buch, das ich schon zur Hälfte ausgelesen habe. Ich kann kaum erwarten, wie es weitergeht und freue mich auf den ruhigen Abend, den ich heute alleine verbringen werde.

Konzerte sind nicht mein Ding – zu laut, zu voll. Ich habe keine Freude daran. Aber ich gönne dem anderen Menschen in unserer Partnerschaft den Freiraum,

Konzerte zu besuchen – und zwar zusammen mit anderen Menschen, die ebenfalls Freude an Konzerten haben.

Über die Jahre hinweg habe ich intensiv daran gearbeitet, mein schlechtes Gewissen zu überwinden. Es war frustrierend, mich in Beziehungen ständig zu verstellen und Dinge zu tun, die in mir ein starkes Unbehagen auslösten. Im Verlauf verschiedener Partnerschaften habe ich dann ein Mindset entwickelt: „Ich verlange von dir nicht etwas zu tun, was dir innerlich Unbehagen bereitet. Verlangst du so etwas von mir, dann solltest du das schlechte Gewissen haben – nicht ich."

27 Überwältigende Situationen – Wie ich mich entspannt hineinbegebe

Gestresst machte ich mich auf den Weg zur Bahnhaltestelle. Ein langer Arbeitstag lag hinter mir, vollgepackt mit zu vielen Aufgaben, die ich vor meinem bevorstehenden Urlaub noch erledigen musste.

Jetzt benötigte ich außerdem Wanderschuhe, die ich zwecks persönlicher Beratung in einem Outdoor-Sportgeschäft erwerben wollte. Leider lag dieses mitten im Stadtzentrum.

Schon im Vorfeld ahnte ich, dass dieser Einkaufstripp eine große Herausforderung werden würde: Doch die Realität übertraf meine Vorstellung bei Weitem.

Mehrere Stadtbahnen fielen aus. Die Konsequenz: Meine Bahn war überfüllt und ich fand mich regelrecht inmitten einer Menschenmenge eingeengt wieder. Bei jedem Halt drängten sich neue Passagiere durch die Türen und ich kämpfte darum, nicht im hektischen Strom mitgerissen zu werden. Das zuweilen laute Quietschen der Räder auf den Schienen und die vielen Gespräche der Mitreisenden setzten meinen Nerven zusätzlich zu.

Beim Verlassen der überfüllten Bahn wurde ich unmittelbar mit dem lauten und hektischen Stadtverkehr konfrontiert. Das penetrante Hupen und die anhaltenden Motorengeräusche bildeten eine schwer auszuhaltende Lärmkulisse, die meine Sinne weiter strapazierte.

Schließlich erreichte ich die Fußgängerzone und musste meinen Weg zwischen hektisch gehenden Passanten fortsetzen. Die unzähligen Menschen, die in alle Richtungen eilten, erzeugten ein Gedränge, dem ich nur mühsam ausweichen konnte.

Als ich schließlich das Outdoor-Sportgeschäft betrat, fühlte ich mich überwältigt. Am liebsten wäre ich sofort zurück nach Hause gefahren.

Sechs Jahre später:

Mit aller Ruhe schlendere ich durch den Secondhandladen. Mein Hund trottet neben mir her und schaut neugierig zu mir hoch. Ich erkunde bedächtig den ersten Kleiderständer, an dem die unterschiedlichen Jacken nicht nach Größen, sondern nach Farben sortiert hängen. Das wirkt sehr harmonisch auf mich und meine Sinneswahrnehmung. Nach einem kurzen Abstecher in die Umkleide verlasse ich den Laden mit einer Jacke und einer Hose.

Nun befinde ich mich an der stark befahrenen Straße, an der sich der Secondhandladen befindet. Früher hat mich der Verkehr stark an meine Belastungsgrenze gebracht. Das tut er zum Teil heute auch noch, aber ich habe für mich einen Weg gefunden, besser damit klarzukommen.

Wenn mich herausfordernde Situationen erwarten, gehe ich entspannt in diese hinein. Das gelingt mir, indem ich vorher meditiere, mal 10, mal 20 Minuten, je nachdem, wie viel Zeit ich benötige, um ganz in meine Mitte zu kommen.

So auch heute Morgen, als ich mir vorgenommen hatte, in die Innenstadt zu fahren. Erst nachdem ich ganz in meiner Mitte angekommen war, machte ich mich auf den Weg zur Bahn.

Durch die Mediation ertrage ich alles deutlich einfacher: sei es eine Bahnfahrt, Menschenmassen oder intensive Arbeitsbelastung...

Es ist wie bei einem Dampfkessel, aus dem man Druck ablässt, bevor der Druck zu stark wird. Die Meditation wirkt wie ein Ventil, das diesen Druck senkt. Dadurch bin ich vor Überdruck geschützt. Ich fühle mich weniger stark überwältigt.

Nachdem ich einen weiteren Secondhandladen besucht habe, beschließe ich, den großen Buchladen in der Nähe zu besuchen und mir in der oberen Etage einen Cappuccino zu gönnen.

28 Negative Gedanken – Wie ich durch meine hochsensiblen Fähigkeiten meine Stimmung aufhelle

Ich saß auf meinem Sofa und trank meinen morgendlichen Kaffee und dachte daran, dass ich gleich in die Stadt musste, um dringende Besorgungen zu erledigen – leider zu einer Zeit, in der es unangenehm voll werden würde.

Ein beklemmendes Gefühl breitete sich in meiner Brust aus, als ich an das Gedrängel in der Straßenbahn dachte. Ich konnte jetzt schon die teils intensiven Gerüche der anderen Reisenden riechen und den unerträglichen Lärm des Stadtverkehrs hören. All das löste im Vorhinein Stress in mir aus. Jetzt dachte ich auch noch an eine unangenehme Begegnung, die ich zuletzt in der Innenstadt hatte. Als ich kurz stehen blieb und mich umschaute, lief ein Passant von hinten in mich rein. Er raunzte mich an: „Kannst du nicht richtig laufen?!"

Die Gedanken daran, dass ich durch die Besorgungen viel Zeit verlieren würde, während sich auf meinem Schreibtisch unerledigte Aufgaben türmten, verstärkten mein Stressgefühl noch. Mit diesem Gefühl verließ meine Wohnung – kein schöner Start in den Tag.

Drei Jahre später:

Ich sitze auf meinem Sofa und meditiere: Ich atme ein und stelle mir vor, wie ein sanftes, klares weißes Licht von außen direkt in meine Herzgegend strömt. Ich atme aus und stelle mir vor, wie sich das sanfte weiße, klare Licht in meiner Herzgegend ausbreitet. Ich wiederhole dies einige Male.

Ich bleibe mit meiner Aufmerksamkeit in meiner Herzgegend: Ich atme ein und denke an meinen letzten Waldspaziergang. Ich atme aus und bedanke mich für die Präsenz des Waldes in meinem Leben: „Ich danke dir, lieber Wald." Ich atme ein und denke an das schöne Gefühl, das ich empfand, als ich den sanften Geruch des Waldes, den weichen Waldboden unter meinen Füßen und das leise Rauschen der Blätter wahrgenommen hatte. Ich atme aus und bedanke mich für meine Fähigkeit, die Schönheit der kleinen Dinge intensiv zu erleben: „Danke, für die Fähigkeit, dass ich kleine Dinge intensiv erleben kann." Ich atme ein und denke an die liebevolle Begegnung mit einem anderen Hundebesitzer, die mein Herz berührt hat. Ich atme aus und bedanke mich dafür, dass bereits ein kleines Erlebnis meine Stimmung deutlich aufhellen kann: „Danke für die wundervolle Begegnung." Ich atme ein und denke an die Aufgaben, die ich bereit erledigt habe. Ich atme aus und bedanke mich dafür, dass der Aufgabenstapel etwas kleiner geworden ist: „Danke, lieber Aufgabenstapel, dass du kleiner geworden bist."

Dann denke ich noch an meinen Hund, meine Wohnung, die mir als Rückzugsort dient und an alle Menschen, die ich mag und die mir gerade in den Sinn kommen.

Nach etwa fünf bis sechs Minuten öffne ich meine Augen und nehme das leichte Glücksgefühl wahr, das sich in meinem Herzen ausbreitet. Ich starte in den Tag.

Ja, auch als hochsensibler Mensch stehe ich immer noch den alltäglichen Herausforderungen gegenüber. Diese erfordern meine Aufmerksamkeit, wenn ich ihnen tatsächlich begegne.

Aber in den Momenten, in denen ich nicht damit konfrontiert bin, möchte ich mich auf die Dinge konzentrieren, die mir Freude bereiten und ein Gefühl der Erleichterung verschaffen. Besonders schätze ich dann meine Fähigkeit, die Schönheit und die kleinen Freuden des Lebens besonders intensiv zu genießen. Diese Mini-Meditation hilft mir, mich in meinem Alltag genau auf diese Dinge bewusst zu fokussieren. Ich bin unendlich dankbar dafür, die Dankbarkeitsmeditation für mich entdeckt zu haben.

29 Zwischen Aufregung und Entspannung – Wie ich mich trotz meiner Hochsensibilität ins Abenteuer begebe

Die abendliche Dunkelheit hüllte allmählich das Auto ein. Ich saß in meinem Sitz – von der Erschöpfung der letzten beiden Tage übermannt. Links neben mir mein Mitfahrer, der konzentriert auf die Straße starrte. Mein Kopf ruhte schwer gegen die Fensterscheibe und ich konnte die Vibrationen der Straße förmlich durch meinen Schädel spüren. Das monotone Rauschen des Motors vermischte sich mit meinen Gedanken. Diese irrten zwischen den Erinnerungen an schwindelerregende Höhen und aufregende Abenteuer. Es schien mir, als hätte mein Körper jeden einzelnen Moment in den Achterbahnen, jede Schrittfolge durch den Park, jeden aufregenden Augenblick in den Fahrgeschäften festgehalten.

Während der Hinfahrt war ich von einer positiven Aufregung durchströmt gewesen. Die Vorfreude auf den Park hatte mein Herz vor Begeisterung pochen lassen, während ich bereits in meiner Vorstellung von einer atemberaubenden Attraktion zur nächsten geeilt war.

Doch jetzt auf der Rückfahrt überkam mich die Erschöpfung und die Sehnsucht nach meinem Zuhause, meinem Bett, wurde intensiver. Ich spürte, dass ich mindestens die kommenden zwei Tage benötigen würde, um mich von der Anstrengung und den intensiven Sinneseindrücken zu erholen. Leider warteten ein paar arbeitsintensive Tage auf mich.

Vier Jahre später:

Wohltuende Wärme umgibt meinen Körper und Entspannung breitet sich in mir aus. Vor gut 30 Minuten saßen wir noch im Auto und ich spürte eine leichte Vorfreude auf die kommenden Tage in mir. Nach unserer Ankunft im Hotel waren die Zimmer noch nicht vorbereitet. Das kümmerte mich nicht im Geringsten. Wir waren sehr früh da und ich fragte die freundliche Rezeptionistin nach dem Zugang zum Saunabereich.

Gleich im Anschluss an die angenehme Wärme würden wir in einem Themen-Restaurant ein Essen zu uns nehmen. Dann könnte ich damit beginnen, mich auf die kommenden zwei Tage einzustimmen. Heute hatten wir noch nicht vor, den Park zu betreten. Der Ankunftstag diente dem Ankommen und der Entspannung. Erst am nächsten Tag würde ich mit meiner Begleitung in die aufregende Welt von Achterbahnen und weiteren aufregenden Fahrgeschäften eintauchen.

Wie vor zwei Jahren: Dort hatte ich ebenfalls eine aufregende und zugleich entspannte Zeit. Diese stand im starken Kontrast zu dem Parkbesuch vor vier Jahren.

Dieser hatte mir einiges abverlangt und mich körperlich und emotional an meine Grenzen gebracht.

Vor zwei Jahren beschloss ich, alles anders zu machen: Wir ließen uns gemächlich durch den Park treiben: „Auf welche Attraktion haben wir gerade Lust? Ah, hier stehen gerade nicht so viele Leute an."

Ich fürchtete nicht, etwas zu verpassen. Zeit hatten wir großzügig eingeplant. Zwischendurch setzten wir uns immer mal wieder hin und bei einer Tasse Kaffee schauten wir entspannt dem Treiben zu. Dann ließ ich die Aufregungen der vorangegangenen Attraktionen auf mich wirken und stimmte mich auf das nächste Erlebnis ein. Erst, wenn ich das Gefühl hatte, wieder ganz bei mir, in meiner Mitte zu sein, fragte ich meine Begleitung, ob sie bereit ist, zusammen mit mir das nächste aufregende Abenteuer zu erkunden.

30 Inmitten von Menschenmengen – Vom beklemmenden Gefühl zur Selbstfokussierung

Bereits 10 Minuten standen wir in der Warteschlange einer der aufregendsten Attraktionen des Freizeitparks. Schrittweise bewegte sich die Menschenmenge nach vorne. Ich fühlte mich eingeengt und durch die vielen Menschen in meiner unmittelbaren Nähe überwältigt.

Als mein guter Freund und ich den Eingang dieser Attraktion betraten, zeigte die Anzeigetafel eine Wartezeit von 20 Minuten an. Das war für diese Attraktion erstaunlich wenig: Zeitweise musste man hier bis zu 120 Minuten warten.

Nun, inmitten der Warteschlange, spürte ich die Körperwärme der anderen Besucher, ihre teils unruhigen Bewegungen und nahm die unterschiedlichen Stimmungen in mich auf. Zeitweise nahm mein Gefühl der Beklemmung so stark zu, dass ich am liebsten geflüchtet wäre. Jedoch gab es hier kein Entrinnen. Zudem war meine Vorfreude auf das kommende Erlebnis so groß, dass ich im Traum nicht daran dachte, jetzt aufzugeben. Ich musste und wollte somit hier durch.

30 Minuten später:

Wir befinden uns wieder inmitten einer Warteschlange. Die abenteuerliche Fahrt auf der Achterbahn hatte unseren Puls in die Höhe getrieben. Nun sehnen wir uns nach einer etwas ruhigeren Attraktion. „8 Minuten Wartezeit“, verkündete die Anzeigetafel und wir stellten uns kurzentschlossen hier an. Obwohl wieder viele Menschen um mich herum sind, geht es mir deutlich besser.

Ich besinne mich auf eine, in letzter Zeit, vernachlässigte Übung. Diese hilft mir, mich auf mich selbst zu fokussieren und meine Umgebung etwas auszublenden: Während ich stehe, richte ich meine Aufmerksamkeit auf meine Füße und führe die Verwurzelungstechnik durch. Diese hat mir schon in zahlreichen Konfliktsituationen geholfen – insbesondere, als ich das Konfliktgespräch mit meinen Nachbarn hatte. Das Verwurzeln wird hier zu meinem rettenden Anker in dem Strom aus lauter Menschen. Während ich mich verwurzele, atme ich tief ein und aus und fokussiere mich somit noch weiter auf mich selbst. Sobald sich die Schlange wieder in Bewegung setzt, lasse ich das Verwurzeln wieder los. Dann nehme ich stattdessen beim Gehen bewusst den Boden unter meinen Füßen wahr. Beides, das Verwurzeln und das bewusste Gehen erfordert Konzentration – aber besser als das Gefühl der Menschenmenge haltlos ausgeliefert zu sein. Am Ende der Schlange angekommen, steigen wir in die uns zugewiesene Sitzreihe des Bootes. Die Dunkelheit des „Dark Ride“ verspricht ein spannendes Erlebnis, auf das ich mich gleich mit all meinen Sinnen einlassen werde.

31 Vor Publikum sprechen – Als ich bewusst in meine Aufregung hineinspürte

Vor der versammelten Gruppe klickte ich nervös auf meine Präsentation. Meine Mitstudierenden saßen mir gegenüber, die Dozentin mitten unter ihnen. Die vor ihr aufgestellte Kamera war auf mich gerichtet und ich fühlte mich umso mehr beobachtet. Die Vorstellung, dass gleich jede meiner Handlungen aufgezeichnet würde, ließ meinen Körper sich anspannen.

Im Rahmen eines Kommunikationstrainings, das im Verlauf meines Bachelorstudiums angeboten wurde, sollten sich alle Studierenden vor laufender Kamera vorstellen.

Viele meiner Mitstudierenden gingen davon aus, dass es für mich eine Leichtigkeit sei, schließlich war ich doch ausgebildeter Schauspieler. Aber weit gefehlt: Der Druck lastete schwer auf mir.

Trotz meiner schauspielerischen Erfahrung war es für mich eine große Herausforderung, mich vor einer Gruppe vorzustellen – selbst wenn diese nur aus circa 20 Mitstudierenden und einer Dozentin bestand. Hier konnte ich mich nicht hinter einer Rolle verstecken. Hier musste ich ganz ich selbst sein und stand nun einem Publikum gegenüber, das erwartungsvoll auf mich blickte.

Während der Präsentation atmete ich zunehmend flacher, mein ganzer Körper zitterte und meine Bewegungen wurden hektischer. Ich war froh, als es vorbei war.

Nach den Präsentationen analysierte die Dozentin alle aufgezeichneten Videos und gab jeweils ein individuelles Feedback ab. Als ich an der Reihe war, lobte sie kurz meine Körpersprache. Dann ging sie deutlich auf meine Aufregung während der Präsentation ein und merkte dies betreffend an: „Wenn du es im Vortrag nicht gesagt hättest – ich hätte nicht geglaubt, dass du Schauspieler bist!"

13 Jahre später:

Unter dem Applaus des Publikums verlasse ich die Bühne. Ein Gefühl der Erleichterung durchströmt mich. Mehrere Mitarbeitende, die das Event organisiert haben, nicken mir anerkennend zu. Obwohl ich den Wunsch verspüre, mich ins Publikum zu setzen, um den folgenden Vorträgen zu lauschen, treibt es mich vor die Tür: In diesem Moment benötigte ich etwas Zeit für mich, um meine hochsensible Sinneswahrnehmung zu beruhigen.

Entschlossen mache ich mich auf den Weg zu meinem Hotelzimmer. Dort angekommen, atme ich tief durch.

Schon am Vorabend reiste ich aus Köln nach München an. Während der Zugfahrt blickte ich noch gelassen auf die bevorstehende Veranstaltung. Als ich dann mitbekam, wie die Bestuhlung für den Vortrag aufgebaut wurde, breitete sich eine große Aufregung in mir aus. Ich realisierte, dass ich am folgenden Tag auf dieser Bühne stehen und vor vielen Menschen sprechen sollte.

Am nächsten Tag saß ich neben anderen Vortragenden im Publikum. Zehn Minuten blieben mir noch, bis der Moderator mich auf die Bühne bitten würde. 45 Minuten sollte ich vor all den Leuten sprechen.

Ich spürte mein Herz deutlich in meiner Brust schlagen und machte folgende Übung:

Ich schließe meine Augen. Ich spüre in meine Gefühle hinein, versuche sie nicht zu verdrängen, sondern akzeptiere sie, wie sie sind. Während ich tief ein- und ausatme, verweile ich in diesen Gefühlen.

Nachdem ich meinen Ist-Zustand einige Minuten wahrgenommen habe, male ich mir meinen Wunschzustand aus. Dann öffne ich meine Augen und lasse diese Vorstellung wieder los. Nun beginnt mein Unterbewusstsein zu arbeiten.

Ich spüre in die Aufregung hinein. Dann stellte ich mir vor, wie ich gelassen und frei meinen Vortrag halte und mich ganz auf diesen Moment einlasse. Ich visualisierte, wie ich während des Vortrages starke Freude empfinde und aus dieser Freude heraus mit dem

Publikum interagieren würde.

Dieses kraftvolle Werkzeug habe ich während meiner Schauspielausbildung kennengelernt, aber später leider oft vergessen, dieses anzuwenden. Durch das Hineinspüren in meinen emotionalen Ist-Zustand, das anschließende Akzeptieren und die darauffolgende Visualisierung des Wunschzustands bekam ich meine Nervosität vor anderen aufzutreten in den Griff.

32 Überreizung der Sinne – Wie ich den Ausgleich schaffe

Die Sonne brannte intensiv vom Himmel und die Hitze ließ den Schweiß auf meiner Haut perlen. Das enge Hemd und meine Hose klebten an meinem Körper.

Hinter mir zog ich meinen Koffer her, dessen Räder gegen den unebenen Untergrund kämpften. Mit jedem Schritt spürte ich deutlich dessen Vibration in meinem gesamten Körper.

Ich hatte einen schönen, aber auch anstrengenden Tag hinter mir: Für ein Event hatte ich einen Vortrag gehalten und einen Workshop gegeben und trat nun meinen Heimweg an.

Endlich erreichte ich den Eingang zur U-Bahn und ich war dankbar für die erfrischende Kühle, die mich umgab, als ich die Treppe hinunterstieg. Schnell war es jedoch mit dem schönen Gefühl vorbei: Der Bahnsteig war voller Menschen.

Es war unmöglich, eine abgelegene Ecke zu finden, wo ich mich ein wenig abseits der Menschenmasse aufhalten konnte.

Das ohrenbetäubende Ein- und Ausfahren der U-Bahnen war kaum auszuhalten. Am liebsten hätte ich mir meine In-Ear-Kopfhörer mit entspannender Musik angezogen, jedoch befanden sich diese unglückerweise in meinem Koffer.

Die Minuten verstrichen quälend langsam, bis endlich meine U-Bahn Richtung Hauptbahnhof einfuhr.

Die Türen öffneten sich ruckartig. Als ich mich in den überfüllten Wagen drängte, wurde ich von einem unangenehm grellen Neonlicht empfangen, das diesen künstlich beleuchtete. Die Intensität des Lichts schien meine Augen zu durchdringen und ein Gefühl der Unbehaglichkeit zwischen all den Menschen verstärkte sich in mir. Als die U-Bahn am nächsten Halt anhielt, wurden zwei Sitzplätze Platz neben mir frei und ich ließ mich nieder. Auf den anderen Platz setzte sich eine junge Frau. Diese hatte offensichtlich großzügig Parfüm aufgetragen. Der künstliche Duftnebel, der ihren Körper umgab, war kaum auszuhalten und mischte sich nun mit meinen anderen Sinneseindrücken. Ich sehnte den Zeitpunkt herbei, endlich im Zug zu sitzen, der mich zurück in meine Heimatstadt brachte. Erfahrungsgemäß war der um diese Zeit nicht voll.

Drei Tage später:

Die Erde unter meinen Füßen fühlt sich kühl und angenehm an, als ich den naturbelassenen Pfad betrete. Ein sanfter Wind streicht durch meine Haare und bringt den Duft des Waldes mit sich. Die Sonnenstrahlen, die durch das Blätterdach dringen, malen ein kunstvolles Spiel aus Licht und Schatten auf den Pfad. Ich gehe mit meinen nackten Füßen über verschiedene Untergründe, die jeweils eine andere, angenehme Empfindung in mir auslösen. Während der weiche Waldboden unter meinen Füßen nachgibt, wirken die groben Kieselsteine sanft massierend. Ich spüre den Sand zwischen meinen Zehen und nehme das weiche, federnde Gefühl des Moosbodens wahr. Meine Ohren vernehmen das leise Rascheln der Blätter über mir und das Zwitschern der Vögel in den Ästen. Plötzlich registriere ich das Plätschern eines Baches, durch den der Pfad hindurchführt. Jeder Schritt wird zu einer positiven Erfahrung, einer Wohltat für meine feinfühlige Sinneswahrnehmung.

Drei Tage zuvor wurden meine Sinne überreizt. Jetzt, als ich den Barfußpfad verlasse, spüre ich, wie sich ein wohltuender Ausgleich für meine empfindlichen Sinne eingestellt hat. Ich nehme mir vor, viel öfter einen aufzusuchen.

33 Sich einsam fühlen – Als ich meiner Hochsensibilität liebevoll begegnete

Ich saß auf dem neu verlegten Laminatboden, umgeben von Kartons. Draußen regnete es in Strömen. Obwohl ich die Stille normalerweise genießen konnte, umhüllte sie mich heute wie ein schwerer Mantel. Ich fühlte mich einsam. Die leeren Wände und der karge Raum meiner neuen Wohnung schienen meine Einsamkeit zu verstärken. Vielen Herausforderungen bin ich im Laufe meines bisherigen Lebens begegnet. Viele dieser Lebensaufgaben habe ich gemeistert. Das hat mir zum Teil ein deutlich angenehmeres Leben eingebracht, aber irgendetwas schien zu fehlen und ich wusste nicht, was es war. Es schien, als würde das Gewicht meiner Hochsensibilität immer noch zu schwer auf meine Schultern drücken. Ich fragte mich, warum das Schicksal mir nicht mehr Kraft geschenkt hatte, um dieser Last Stand zu halten. Tränen traten in meine Augen. Plötzlich kam mein Hund Mika zu mir und drückte seinen Kopf an meinen Körper. Das tat Mika immer, wenn es mir nicht gut ging und meistens fand ich dann etwas Trost. Ich erinnerte mich daran, dass, wenn ich mich in meinen dunkelsten Stunden angenommen fühle und liebevolle Zuwendung erfahre, es immer ein Stück Hoffnung für die Zukunft gibt.

Zwei Jahre später:

Ich trete hinaus in das strahlende Licht des Frühlings. Die warmen Sonnenstrahlen umhüllen mich, während mein treuer Begleiter Mika bereits ungeduldig im Vorgarten wartet – sein Blick fest auf das Eisentor gerichtet, das uns hinaus auf die Straße führt. Ich öffne das Tor und gemeinsam überqueren wir die Straße. Binnen weniger Minuten befinden wir uns an unserem Lieblingsort: dem Wald, der sich nun erhaben vor uns ausbreitet. Ich löse Mikas Leine und er eilt voraus. An der nächsten Weggabelung bleibt er stehen – seinen Kopf in eine bestimmte Richtung gewandt. Ich beschließe, diese Richtung einzuschlagen: Wir gehen einen Weg, der mir vor zwei Jahren noch unbekannt war, wie viele Wege in diesem Wald. Mittlerweile bin ich schon einige davon gegangen und habe manche verborgene Schönheit entdeckt. Dieser Weg hier führt zu einem Bach, dessen Plätschern die Stille des Waldes sanft durchdringt. Über den Wasserlauf spannt sich eine kleine Holzbrücke, an deren Ende eine Bank auf mich wartet. Bis in den tiefen Herbst hinein habe ich dort gesessen, die Zeit vergessend, während Mika plantschend im Bach spielte. In diesen Momenten fand ich Ruhe, kam ganz in den Augenblick und nahm mich und meine Empfindungen sehr bewusst wahr. Dann fing ich an zu schreiben: Oft hatten mich die Hürden des Lebens als hochsensibler Mensch verwirrt und verzweifeln lassen. Immer wieder stellte ich mir die Frage, warum ich mich immer neuen

Lebensaufgaben stellen musste. Doch mit der Zeit begann ich zu verstehen: Jede dieser Aufgaben hatte etwas mit meiner Hochsensibilität zu tun.

Lange habe ich meine Hochsensibilität als Fluch wahrgenommen, auch schon zu Zeiten, als ich den Begriff noch nicht kannte.

Nun aber habe ich meine Hochsensibilität angenommen. Ja, ich wandte mich ihr liebevoll zu. Und so wandte ich mich auch mir selbst ein Stück liebevoller zu.

Viele meiner Lebensaufgaben wurden deutlich kleiner. Ich ging den Weg, der mich ein Stück mehr zu mir selbst führte. Diesen Weg bezeichne ich heute liebevoll als „meinen Seelenweg".

Mika und ich erreichen schließlich den Bach: Wir überqueren die Brücke und ich lasse mich auf der Bank nieder. Heute beschließe ich, nichts zu schreiben: Ich genieße es einfach, hier zu sitzen und bei mir zu sein. Ich genieße es, ich selbst zu sein.